KÖNIGS ERLÄUTERUNGEN

Band 145

W0345010

Textanalyse und Interpretation zu

Max Frisch

ANDORRA

Bernd Matzkowski

Alle erforderlichen Infos für Abitur, Matura, Klausur und Referat
plus Musteraufgaben mit Lösungsansätzen

Bange Verlag

Zitierte Ausgabe:
Frisch, Max: *Andorra. Stück in 12 Bildern. Text und Kommentar.* Frankfurt am Main: Suhrkamp, 1999 (Suhrkamp BasisBibliothek, Bd. 8). Alle Zitate aus dem Roman werden durch die Seitenangabe direkt hinter dem Zitat kenntlich gemacht; Zitate aus dem Kommentar sind mit „A“ gekennzeichnet.

Über den Autor dieser Erläuterung:
Bernd Matzkowski ist 1952 geboren. Er ist verheiratet und hat vier Kinder. Lehrer am Heisenberg Gymnasium Gladbeck. Fächer: Deutsch, Sozialwissenschaften, Politik, Theater. Ausbildungskoordinator.

Hinweis:
Die Rechtschreibung wurde der amtlichen Neuregelung angepasst. Zitate von Max Frisch, Friedrich Torberg und Bertolt Brecht müssen auf Grund eines Einspruchs in der alten Rechtschreibung übernommen werden.

2. Auflage 2013
ISBN 978-3-8044-1901-8
PDF: 978-3-8044-5901-4, EPUB: 978-3-8044-6901-3

Titelbild: Arno Wyzniewski als Andri, Volksbühne Berlin 1966,
© Cinetext/Harry Hirschfeld

Druck und Weiterverarbeitung: Tiskárna Akcent

1. DAS WICHTIGSTE AUF EINEN BLICK – SCHNELLÜBERSICHT

Damit sich jeder Leser in unserem Band rasch zurechtfindet und das für ihn Interessante gleich entdeckt, hier eine Übersicht.

Im 2. Kapitel beschreiben wir **Frischs Leben** und stellen den **zeitgeschichtlichen Hintergrund** dar:

⇨ S. 10 ff.
→ Max Frisch lebte von **1911 bis 1991,** die meiste Zeit in **Zürich.**

⇨ S. 14
→ Als Frischs *Andorra* auf die Bühne kommt (Uraufführung 1961), sind im Bewusstsein vieler Menschen die Schrecken des Krieges und der Nazi-Diktatur schon lange Vergangenheit, und die Menschen haben sich im Wohlstand eingerichtet.

⇨ S. 15
→ Frisch ist 1961 bereits ein erfolgreicher Autor. So haben ihm seine Romane *Stiller* (1954) und *Homo faber* (1957) ebenso Anerkennung verschafft wie vorangegangene Theaterstücke wie z. B. *Biedermann und die Brandstifter* (1958).

Im 3. Kapitel bieten wir eine Textanalyse und -interpretation.

Andorra – Entstehung und Quellen:

⇨ S. 23 ff.
Hauptquelle für das Drama ist die von Frisch verfasste Prosaskizze *Der andorranische Jude.* Die Idee zu dieser Skizze hatte er bereits im Jahre 1946. Zwischen der Skizze, die den Kern des Stoffs und der Thematik (Bildnis-Thematik) bereits enthält, und dem späteren Drama bestehen allerdings wesentliche Unterschiede. Des Weiteren gibt es Bezüge zu Marieluise Fleißers Geschichten *Andorranische Abenteuer* (1932), die Frisch in der *Neuen Zürcher Zeitung* rezensierte.

Inhalt:

In Andorra lebt Andri, von dem der Lehrer behauptet, er sei ein jüdisches Kind, das er einst vor den „Schwarzen“ gerettet und als Sohn angenommen habe. Andri wächst in der Annahme heran, ein Jude zu sein. Er sieht sich mit Vorurteilen der Andorraner gegenüber Juden konfrontiert. Als sich der Lehrer weigert, ihm seine Tochter (Barblin) zur Frau zu geben, nimmt Andri an, dass auch der Lehrer voller Vorurteile gegenüber Juden sei. So nimmt er schließlich, in seiner Suche nach Identität, die „Rolle“ des Juden an. Als sich die Lage in Andorra zuspitzt, weil ein Angriff der „Schwarzen“ bevorsteht, gesteht der Lehrer schließlich ein, dass Andri gar kein Jude ist, sondern das gemeinsame Kind mit einer „Schwarzen“. Andri hat sich aber bereits mit seiner Rolle als „Jude“ identifiziert. Als die „Schwarzen“ Andorra besetzen, wird er von diesen als Jude eingestuft und getötet.

⇨ S. 30 ff.

Aufbau:

Das Stück ist in zwölf Bilder eingeteilt, deren Mittelpunktfigur Andri ist. Durch „Zeugenaussagen“, die zwischen gespielter Vergangenheit und gespielter Gegenwart vermitteln, wird die gespielte Zeit entgrenzt. Über Themen, Bilder und Symbole werden die Bilder und „Zeugenaussagen“ miteinander verwoben. Handlungsort ist Andorra, das aber nicht als konkreter Ort, sondern als Modell zu verstehen ist. Der Platz von Andorra bildet eine Klammer (1. und 12. Bild) um alle Szenen und ist zugleich Hauptschauplatz des Geschehens.

⇨ S. 49 ff.

Figuren:

⇨ S. 56 ff. Die Hauptfiguren sind

⇨ S. 56 ff. **Andri:**

→ zunächst ein durchschnittlicher junger Mann mit Alltagsinteressen (Fußball),
→ auf der Suche nach Identität, verliebt in Barblin,
→ nimmt allmählich die ihm von den Andorranern zugewiesene Rolle als „Jude" an,
→ wird von den „Schwarzen" ermordet,

⇨ S. 62 **Barblin:**

→ ist mit Andri „verlobt",
→ wird im Zuge der Handlung gedemütigt und zum Opfer männlicher (sexueller) Gewalt,
→ wird durch die Gewaltakte und den Verlust von Vater und Halbbruder in den Wahnsinn getrieben,
→ leistet den „Schwarzen" Widerstand,

⇨ S. 63 **Lehrer:**

→ lebt mit der Lüge über Andris wahre Identität,
→ ist dem Alkohol verfallen,
→ trägt Schuld an der Entwicklung Andris.

Wir stellen diese Figuren ausführlich vor und nennen und erläutern weitere Figuren des Dramas, ihre Charaktere und Funktionen im Drama.

Stil und Sprache Max Frischs:

⇨ S. 76 ff. Die Sprache Andris hat, entsprechend seiner Entwicklung, die größte Spannweite: Neben der Alltagssprache der Andorraner finden sich bei ihm Formen bildhaften Sprechens, Elemente des Lyrisch-Gestischen und Elemente der Sprache des Alten Testaments.

Die Sprache der Andorraner ist überwiegend einheitlich gestaltet und kennzeichnet ihren gemeinsamen Denkraum.

Wir gehen auf folgende Interpretationsansätze näher ein:

→ die Bildnis-Thematik, ⇨ S. 78 ff.
→ die Bedeutung der Identitätssuche Andris,
→ die Frage der Darstellung von Antisemitismus und Holocaust,
→ die Bedeutung des Motivs der Angst,
→ Frisch und das Theater Bertolt Brechts.

Max Frisch
1911–1991

2. MAX FRISCH: LEBEN UND WERK[1]

2.1 Biografie

JAHR	ORT	EREIGNIS	ALTER
1911	Zürich	Geburt am 15. Mai als Sohn des Architekten Franz Bruno Frisch und seiner Gattin Karolina, geb. Wildermuth	
1924		Eintritt ins Realgymnasium des Kantons	13
1930		Germanistikstudium an der Universität Zürich	19
1931–34		Journalistische Arbeiten	20–23
1932		Tod des Vaters	21
1933	Prag	Sportreporter bei der Eishockeyweltmeisterschaft	22
1934		*Jürg Reinhart. Eine sommerliche Schicksalsfahrt* erscheint (erste Veröffentlichung).	23
1936	Zürich	Beginn des Architekturstudiums	25
1937		Die Erzählung *Antwort aus der Stille* erscheint.	26
1939–45		Dienst in der Armee	28–34
1940		*Blätter aus dem Brotsack. Geschrieben im Grenzdienst 1939* erscheint. Anstellung als Architekt	29
1942		Ehe mit Gertrud Constanze von Meyenburg; Gründung eines eigenen Architekturbüros; Frisch gewinnt den ersten Preis im Architekturwettbewerb um das städtische Freibad am Letzigraben.	31

1 Die Angaben, besonders zu den Preisen und Ehrungen, stellen eine Auswahl dar.

JAHR	ORT	EREIGNIS	ALTER
1943		Der Roman *J'adore ce qui me brûle oder Die Schwierigen* erscheint. Geburt der Tochter Ursula.	32
1944		Geburt des Sohnes Hans Peter. Frisch beginnt damit, Dramen zu verfassen.	33
1945	Zürich	Das Stück *Nun singen sie wieder* wird am Zürcher Schauspielhaus uraufgeführt. *Bin oder Die Reise nach Peking* erscheint.	34
1946		Zahlreiche Reisen, u. a. nach Deutschland Die Romanze *Santa Cruz* sowie die Farce *Die Chinesische Mauer* werden am Zürcher Schauspielhaus uraufgeführt.	35
1947		Bekanntschaft mit Brecht und Dürrenmatt; Bau des Schwimmbads am Letzigraben *Tagebuch mit Marion* erscheint.	36
1948	 Zürich	Reisen nach Berlin, Prag und Warschau; Teilnahme am Congrès mondial des intellectuels pour la paix (Wrozlaw/Polen) *Als der Krieg zu Ende war* wird am Zürcher Schauspielhaus uraufgeführt.	37
1949	Zürich	Geburt der Tochter Charlotte	38
1950		*Tagebuch (1946–1949)* erscheint.	39
1951	Zürich	*Graf Öderland* wird am Zürcher Schauspielhaus uraufgeführt.	40
1951–1952	USA	Stipendiat der Rockefeller-Stiftung	40–41
1953	Zürich/ Berlin	*Don Juan oder Die Liebe zur Geometrie* wird am Zürcher Schauspielhaus uraufgeführt.	42
1954		Der Roman *Stiller* erscheint. Trennung von der Familie.	43
1955		Frisch verkauft sein Architekturbüro.	44

JAHR	ORT	EREIGNIS	ALTER
1957		Der Roman *Homo faber* erscheint. Reisen nach Griechenland und in die arabischen Staaten	46
1958	Zürich	*Biedermann und die Brandstifter* wird am Zürcher Schauspielhaus uraufgeführt (als Hörspiel bereits 1953 gesendet). Georg-Büchner-Preis	47
1959		Scheidung	48
1960	Rom	Frisch lebt mit Ingeborg Bachmann zusammen (bis 1962).	49
1961	**Zürich**	***Andorra* wird am Zürcher Schauspielhaus uraufgeführt.**	**50**
1962		Frisch lernt Marianne Oellers kennen.	51
1964		Der Roman *Mein Name sei Gantenbein* erscheint.	53
1965	Berzona	Frisch kehrt aus Rom in die Schweiz zurück.	54
1966	UdSSR	Reise in die UdSSR	55
1968		*Biografie: Ein Spiel* wird am Zürcher Schauspielhaus uraufgeführt. Heirat mit Marianne Oellers	57
	UdSSR	Zweite Reise in die UdSSR	
1969	Japan	Reise nach Japan	59
1971		*Wilhelm Tell für die Schule* erscheint.	60
	USA	Aufenthalt in den USA	
1972		*Tagebuch (1966–1971)* erscheint.	61
1974		*Dienstbüchlein* erscheint.	63
	USA	Erneuter Aufenthalt in den USA	
1975		Die Erzählung *Montauk* erscheint.	64

JAHR	ORT	EREIGNIS	ALTER
1976	China	Friedenspreis des Deutschen Buchhandels Reise nach China *Gesammelte Werke in zeitlicher Folge* erscheinen.	65
1978		*Triptychon. Drei szenische Bilder* erscheinen.	67
1979		Die Erzählung *Der Mensch erscheint im Holozän* erscheint. Scheidung von M. Oellers	68
1981	New York	Neben Berzona hat Frisch auch in New York einen Wohnsitz.	70
1982		*Blaubart. Eine Erzählung* erscheint.	71
1984	Zürich	Frisch lebt wieder in Zürich.	73
1987	Moskau	Reise nach Moskau	76
1989		*Schweiz ohne Armee? Ein Palaver* erscheint.	78
1990		*Schweiz als Heimat? Versuche über 50 Jahre* erscheint.	79
1991	Zürich	Frisch stirbt kurz vor seinem 80. Geburtstag am 4. April in seiner Wohnung.	79

2.2 Zeitgeschichtlicher Hintergrund

ZUSAMMEN-FASSUNG

- → Im Bewusstsein vieler Menschen sind die Schrecken des Krieges und der Nazi-Diktatur schon lange Vergangenheit, und die Menschen haben sich im Wohlstand eingerichtet, als Frischs *Andorra* auf die Bühne kommt (Uraufführung 1961).
- → Die politische Weltlage ist bestimmt durch den Ost-West-Konflikt („Kalter Krieg").
- → Im Laufe der 1960er Jahre beginnt sich das gesellschaftspolitische Klima in der Bundesrepublik Deutschland zu verändern (sogen. 68er-Bewegung, Auseinandersetzung mit der NS-Zeit).
- → Aufgrund seines Modellcharakters wurde dem Stück vorgeworfen, dem Publikum ein Ausweichen ins Unverbindliche zu erlauben.
- → Frisch ging es nicht um die Taten der Nazi-Größen, sondern um die Millionen Namenlosen, die den Holocaust möglich machten.

Wiederaufbau und Restauration

15-jährige Schaffenszeit

Wenn hier über den zeitgeschichtlichen Hintergrund von Frischs *Andorra* gesprochen werden soll, so ist dabei zu berücksichtigen, dass zwischen dem ersten Entwurf (1946), den Vorstufen, der Fertigstellung und der Uraufführung des Stücks immerhin 15 Jahre liegen. Frischs Drama erscheint in einer Zeit, in der – im Bewusstsein der meisten Menschen – die Schrecken des Zweiten Weltkrieges und die Verbrechen der Nationalsozialisten, die Ermordung der Juden Europas, schon Geschichte sind. In den 1950er

Flucht ins Vergessen

Jahren ging es der Mehrheit der Bevölkerung darum, sich aus der schlimmsten Not der Nachkriegszeit zu befreien und am sich abzeichnenden **ökonomischen Aufschwung** teilzuhaben, nicht aber um eine kritische Reflexion der eigenen Vergangenheit. Zwar beginnt im Frühjahr 1961 der Prozess gegen Adolf Eichmann, der 1960 von israelischen Agenten in Argentinien verhaftet worden war, aber diese Gerichtsverhandlung gegen einen der Organisatoren des Massenmordes an den Juden findet nicht in Europa, sondern in Israel statt.

Eichmann-Prozess

Europa ist in dieser Zeit die Nahtstelle des Konflikts, der die Weltpolitik bestimmt, des Konflikts zwischen den beiden Hegemonialmächten USA und UdSSR und ihrer Verbündeten. Schon bald nach dem Ende des Zweiten Weltkrieges war die Koalition der Sieger zerbrochen; die Blockade Berlins (1948/49), der Koreakrieg (1950–1953) und die Suez-Krise (1956) waren deutliche Zeichen der Blockkonfrontation, deren steinernes Symbol die Mauer in Berlin werden sollte (13. August 1961). War die internationale Lage also durch den „Kalten Krieg" bestimmt, so vollzog sich der Wiederaufbau Westdeutschlands in der Adenauer-Ära im Zeichen von „Wirtschaftswunder" und politischer Restauration.

Kalter Krieg

Frischs Erfolg in Zeiten des Kalten Krieges

In diese Phase der politischen Restauration und des wirtschaftlichen Aufschwungs in der Bundesrepublik, in die 1950er Jahre also, fällt **Frischs Aufstieg als Autor**. Der Schweizer Autor ist dem deutschen Lese- und Theaterpublikum längst kein Unbekannter mehr, als *Andorra* 1962 auch auf die bundesrepublikanischen Bühnen kommt. Mit seinem Roman *Stiller* hatte er den ersten wirklich großen Erfolg erzielt (1954), sein Roman *Homo faber* mehrte seinen Ruhm, und die Verleihung des renommierten **Georg-Büch-**

ner-Preises hatte Frisch literarisch geadelt. Der Schweizer Autor schien den Deutschen ein gleichermaßen unabhängiger wie kritischer Geist zu sein, der gewillt war, seinen eigenen Weg zu verfolgen, und sich deshalb die Freiheit herausnehmen konnte, im Jahre 1948 am „Weltkongress der Intellektuellen für den Frieden" im kommunistischen Polen teilzunehmen und nur drei Jahre später als Stipendiat der Rockefeller-Stiftung in die USA zu gehen. Der Erfolg Frischs in jener Zeit mag sich u. a. daraus erklären, dass die Zeitkritik in seinen Werken (Romanen und Theaterstücken) sozusagen immer nur nebenher erfolgt und eingearbeitet ist in grundsätzlichere Fragestellungen, wie etwa die **Bildnis- und Vorurteilsthematik**.[2] Zum Erfolg von *Andorra* trug allerdings auch bei, dass sich das gesellschaftliche, politische und geistige Klima in der Bundesrepublik in den 1960er Jahren allmählich zu verändern begann. Das wirtschaftlich erstarkte und angesehene Westdeutschland wollte den wirtschaftlichen Aufschwung nun auch moralisch begleiten. Manfred Durzak schreibt:

Unabhängiger und kritischer Geist

Veränderung des geistigen Klimas

> „Es wäre also die Frage zu stellen, ob die Wirkung von Frischs Stück nicht im Rahmen jener moralischen Regenerationsbewegung in Deutschland zu sehen ist, die, unter der Flagge Bewältigung der Vergangenheit segelnd, sich während der sechziger Jahre in zahlreichen Prozessen über im Dritten Reich begangene Verbrechen zeigte. Was der Eichmann-Prozess in Israel im Großen vorexerzierte, wurde in vielen ähnlichen Prozessen in Deutschland nachgeholt. Nachdem der Wohlstandsboom seinen Segen allerorts verbreitet hatte, setzte man an, auch moralisch reinen Tisch zu machen und die Übeltaten der Vergan-

Vergangenheitsbewältigung

2 Vgl. Stephan, *Max Frisch*, 1983, S. 63.

genheit juristisch einzuordnen, um das kollektive Schuldgefühl Deutschlands zu erleichtern."[3]

Andorra und das Publikum

Folgt man der Argumentation Durzaks, so hat es dem Erfolg von *Andorra* ganz offensichtlich nicht geschadet, dass das Stück gerade durch den auch von Frisch selbst immer wieder betonten Modellcharakter das deutsche Publikum nicht unmittelbar mit dem Vorwurf der nationalsozialistischen Gesinnung oder gar der direkten Mittäterschaft am Holocaust konfrontierte, sondern durch die Betonung der Vorurteilsthematik dem Publikum ein **Ausweichen ins Unverbindliche** ermöglichte. Wenn Max Frisch einmal davon gesprochen hat, dass mit *Andorra* nicht der wirkliche Kleinstaat dieses Namens gemeint sei, sondern dass *Andorra* der Name für ein „Modell" sei, so besteht das Modellhafte darin, dass die Ausbildung und die Auswirkungen von Vorurteilen gezeigt werden. Im Stück *Andorra* geht es um das Anfertigen von Bildnissen gegenüber dem vermeintlichen Juden Andri. Das Modellhafte, die **parabolische Form**, hielt nicht nur die deutsche Vergangenheit in gewisser Weise auf Distanz, sondern ermöglichte dem Publikum auch ein Wegtauchen vor der Reflexion über eine eigene Verstrickung in (historische) Schuld. Dies kann dem Autor Frisch allerdings nicht zum Vorwurf gemacht werden; ihm ging es sicher nicht um einen Befreiung des Publikums von der Auseinandersetzung mit der jüngsten Vergangenheit. Ganz im Gegenteil; Frisch selbst wollte den Blick gerade weglenken von der Fixierung auf die bekannten Organisatoren des Massenmordes und Nazi-Größen und hinweisen auf die Verantwortung jedes Einzelnen. Im Januar 1961 schreibt Frisch an den Suhrkamp Verlag:

Modellcharakter des Stückes als Ausweichmöglichkeit

Frisch zum Thema NS-Vergangenheit

---

3 Durzak, S. 220 f. Einer der bekanntesten Prozesse war der Auschwitz-Prozess, der im Dezember 1963, also erst 18 Jahre nach Ende der Nazi-Herrschaft, in Frankfurt begann.

Juden müssen zur Belustigung der Zuschauer Gehsteige reinigen, Wien 1938
© ullstein bild – dpa

Die „Millionen, die es möglich machten"

„Das Stück handelt (soweit es nicht nur das Stück von Andri ist), nicht von den Eichmanns, sondern von uns und unseren Freunden, von lauter Nichtkriegsverbrechern, von Halbspaß-Antisemiten, d. h. von den Millionen, die es möglich machten, daß Hitler (um schematisch zu reden) nicht hat Maler werden müssen. (...) Für mich, wenn ich das sagen darf, gehört es zum Wesentlichen des Einfalls, daß die Andorraner ihren Jud nicht töten, sie machen ihn nur zum Jud in einer Welt, wo das ein Todesurteil ist. So sehr ich dafür wäre, daß die Eichmanns, die Vollstrecker, gehängt werden, so wenig interessieren sie mich, genauer: ich möchte die Schuld zeigen, wo ich sie sehe, unsere Schuld, denn wenn ich meinen Freund an den Henker ausliefere, übernimmt der Henker keine Oberschuld."[4]

4 Zitiert nach: A, S. 144.

Noch deutlicher hat Max Frisch seine Haltung in einem Interview mit der Wochenzeitung *Die Zeit* (Ausgabe vom 3. 11. 1961) zum Ausdruck gebracht:

> „Die Schuldigen sitzen ja im Parkett. Sie, die sagen, daß sie es nicht gewollt haben. Sie, die schuldig wurden, sich aber nicht mitschuldig fühlen. Sie sollen erschrecken, sie sollen, wenn sie das Stück gesehen haben, nachts wachliegen. Die Mitschuldigen sind überall.“[5]

„Die Schuldigen sitzen ja im Parkett.“

Es mag dahin gestellt sein, ob Frischs Anliegen, den Einzelnen dazu aufzufordern, über seine Mitschuld nachzudenken, Erfolg gehabt hat. Im Laufe der 1960er Jahre werden die Rufe nach einer Auseinandersetzung mit der Nazi-Vergangenheit in Westdeutschland jedenfalls immer lauter. Die Generation der „Nachgeborenen“ (Brecht), die sog. 68er-Bewegung, konfrontiert die Generation der Väter mit der Frage nach der Schuld und Mitschuld am Holocaust. So gesehen, war Max Frisch mit seinem Stück *Andorra* der Zeit voraus.

---

5 Zitiert nach: A, S. 145.

2.3 Angaben und Erläuterungen zu wesentlichen Werken[6]

1911	1954	1957	1958	1961	1991
Geburt	***Stiller***	***Homo faber***	***Biedermann und die Brandstifter***	***Andorra***	**Tod**

Als *Andorra* erscheint, ist Max Frisch bereits ein bekannter Autor. Einige Dramen Frischs sind schon auf die Bühne gekommen; als das bis dahin erfolgreichste kann wohl *Biedermann und die Brandstifter* gelten, sein Drama *Andorra* wird 1961 uraufgeführt. Doch auch als Romancier ist Frisch bereits erfolgreich (*Stiller*, 1954, *Homo faber*, 1957).

Folgt man den Überlegungen von Gerhard und Mona Knapp, so lässt sich das Werk Max Frischs in zwei große Werkgruppen einteilen, nämlich Werke der „privaten, persönlichen Sphäre", zu denen *Stiller*, *Biographie*, *Santa Cruz*, *Don Juan* und *Triptychon* zu zählen sind, und Werke, die sich mit eher politischen bzw. „öffentlichen" Themen befassen, also etwa *Nun singen sie wieder*, *Als der Krieg zu Ende war* und *Biedermann und die Brandstifter.*[7]

Die Verbindung zwischen *Andorra* und dem Gesamtwerk ergibt sich aus der gewählten Form (Parabel), aus der politischen Thematik (Antisemitismus, Vorurteil) und der Bildnis-Thematik. Die politische (öffentliche) Thematik und die Bildnis-Thematik sind in *Andorra* über die Figur Andris miteinander verknüpft.

Parabel-Form

Die Form (Parabel) stellt Bezüge zu Max Frischs *Santa Cruz* und *Biedermann und die Brandstifter* her, welches Frisch im Untertitel ein „Lehrstück ohne Lehre" genannt hat. Über *Biedermann* und *Andorra* hat sich Frisch in einem Gespräch einmal so geäußert:

---

6 Vgl. zu diesem Abschnitt A, Stephan, *Max Frisch, 1983*, S. 3 ff. und Knapp/Knapp, S. 9 ff.
7 Knapp/Knapp, S. 9.

ZWEI „WERKGRUPPEN" (BEISPIELE)

Werke der „privaten, persönlichen Sphäre"	Werke der „öffentlichen Sphäre"
Santa Cruz (Drama, 1946) *Don Juan* (Drama, 1953) *Stiller* (Roman, 1954) *Homo faber* (Roman, 1957) *Biografie* (Drama, 1968) *Triptychon* (1979)	*Nun singen sie wieder* (Drama, 1945) *Als der Krieg zu Ende war* (Drama, 1948) *Biedermann und die Brandstifter* (Drama, 1958)

Zentrales Thema: Bildnis-Thematik

↓

Verknüpfung von ***Andorra*** mit dem Gesamtwerk über die Bildnis-Thematik und die Form (Parabel)

„*Biedermann* und *Andorra* sind Parabeln. (…) Das Verfahren der Parabel: Realität wird nicht auf der Bühne imitiert, sondern kommt uns zum Bewußtsein durch den ‚Sinn', den das Spiel ihr verleiht; die Szenen selbst geben sich offenkundig als ungeschichtlich, als Beispiel fingiert, als Modell und somit als Kunst-Stoff."[8]

Eine Verbindung ergibt sich nicht nur zum Stück *Biedermann und die Brandstifter*, sondern auch zu Werken wie *Die Chinesische Mauer* oder *Nun singen sie wieder* und *Als der Krieg zu Ende war*. Hier geht es um die Auseinandersetzung mit der Vorurteilsthematik auf

---

8 Zitiert nach: Wendt/Schmitz, S. 65.

politischer/nationaler Ebene oder – damit eng verbunden – um die Thematik der Unbelehrbarkeit von Menschen. *Andorra* ist eher als dieser öffentlichen oder politischen Thematik zugehörig verstanden bzw. rezipiert worden, wenngleich die Bildnis-Thematik das Schicksal Andris bestimmt. Die Bildnis-Thematik oder, aus anderer Perspektive, die Suche nach Identität bzw. der Abbau einer falschen Identität verbindet *Andorra* mit den Prosawerken *Stiller* und *Mein Name sei Gantenbein* sowie *Homo faber*. Die Stärke von Max Frischs *Andorra* mag darin liegen, dass er für die Verbindung von politischer Thematik und Bildnis-Problematik eine geeignete Form gefunden hat.

Bildnis-Thematik

3. TEXTANALYSE UND -INTERPRETATION

3.1 Entstehung und Quellen

ZUSAMMENFASSUNG

- → Hauptquelle für das Drama ist die von Frisch 1946 verfasste Prosaskizze *Der andorranische Jude.*
- → Des Weiteren gibt es Bezüge zu Marieluise Fleißers Geschichten *Andorranische Abenteuer* (1932), die Frisch in der *Neuen Zürcher Zeitung* rezensierte.
- → Zwischen der Idee für den stofflichen Kern des Dramas und seiner Fertigstellung liegt ein Zeitraum von 15 Jahren.
- → Bildnis-Thematik und das II. Gebot Mose

Max Frisch selbst hat auf die Umstände, den Ort und die Entstehungszeit der Fabel (des stofflichen Kerns) von *Andorra* hingewiesen: „Sie ist erfunden, und ich erinnere mich in diesem Falle sogar, wann und wo sie mir eingefallen ist: 1946 im Café de la Terrasse, Zürich, vormittags. Geschrieben als Prosaskizze, veröffentlicht im *Tagebuch 1946–1949*, betitelt: *Der andorranische Jude*.“[9]

Die Prosaskizze *Der andorranische Jude*

Frischs Prosaskizze *Der andorranische Jude* kann somit als **stofflicher Kern** des späteren Theaterstücks gesehen werden. In der Prosaskizze geht es um einen jungen Mann (einen Namen hat er nicht), den die Andorraner für einen Juden halten, den sie mit ihrem Bildnis von ihm konfrontieren und der allmählich diesem Bildnis immer ähnlicher wird. Nach seinem grausamen Tod, der in der Prosaskizze nur genannt, nicht aber geschildert wird, erfahren die Andorraner, dass der Junge gar kein Jude war, sondern ein Andorraner.

---

9 Zitiert nach: Wendt/Schmitz, S. 41.

Frisch hat sich zu den Unterschieden zwischen der im *Tagebuch* festgehaltenen Prosaskizze und dem späteren Stück einmal so geäußert: „Eine erste Grundskizze, gekritzelt auf eine Zigarettenschachtel, und dann die vergrößerten Baupläne mit genauen Maßen und genauen Materialangaben, das ist der Unterschied."[10]

Unterschiede zwischen Skizze und Drama

Frischs Beschreibung des Verhältnisses zwischen der Tagebuch-Version und dem späteren Stück, ganz in der Sprache des Architekten Frisch gehalten, könnte den Eindruck erwecken, der Unterschied zwischen den beiden Texten wäre wesentlich der differenzierten Ausgestaltung des Stücks geschuldet. Und natürlich ist es so, dass die Handlung, die Figuren, der Spannungsbogen im Stück ausgearbeitet sind, wogegen die Skizze oftmals mit knappen Andeutungen auskommt. Es gibt aber auch wesentliche inhaltliche Unterschiede, Veränderungen also, die Frisch, gemessen am Prosatext, für das Theaterstück vorgenommen hat.

In der Prosaskizze ist der Junge, der zu Tode kommt, tatsächlich Andorraner, was sich aber erst nach seinem Tode erweist. In der Skizze heißt es: „Bis es sich eines Tages zeigt, was er selber nicht hat wissen können, der Verstorbene: daß er ein Findelkind gewesen, dessen Eltern man später entdeckt hat, ein Adorraner wie unsereiner."[11] Im Stück ist der Junge (Andri) Kind des Lehrers Can, eines Andorraners, und einer „Schwarzen", und der Lehrer Can, der nicht den Mut hat einzugestehen, dass er ein gemeinsames Kind mit einer Frau aus den Reihen der als Feinde angesehenen „Schwarzen" hat, erfindet die Legende vom geretteten Judenkind.

---

10 Zitiert nach: Ebd., S. 26.
11 Zitiert nach: Bänzinger, S. 27.

„Damit wird die Bildnis-Thematik dupliziert: Wegen des Kollektivurteils über die Schwarzen hat Can seinen Sohn als gerettetes Judenkind ausgegeben, sich und Andri damit einen Bonus erworben, der sich aufgrund der in Andorra herrschenden, nur zeitweise dispensierten antijüdischen Vorurteile in einen Malus verkehrt."[12]

Im Stück wird Andris wahre Herkunft vor seinem Tod offenbar, aber Andri hat zu diesem Zeitpunkt die gesellschaftliche Rolle des Juden, die ihm die anderen zugewiesen haben, bereits verinnerlicht.

Unterschiedliche Reaktionen der Andorraner

Der zweite Unterschied besteht in der Reaktion der Andorraner auf das Geschehene. In der Prosaskizze heißt es über das Verhalten der Andorraner, nachdem sie erfahren haben, dass der Junge Andorraner war: „Man redete nicht mehr davon. Die Andorraner aber, sooft sie in den Spiegel blickten, sahen mit Entsetzen, daß sie selber die Züge des Judas tragen, jeder von ihnen."[13] Beim Blick in den Spiegel gestehen sich die Andorraner der „Skizze" also ihre Schuld ein, aber sie reden nicht (mehr) über das Geschehene. Im Theaterstück *Andorra* reden die Andorraner, an die Zeugenschranke tretend, über das Geschehene, weisen aber – mit Ausnahme des Paters – jegliche Schuld von sich.

In der Prosaskizze des *Tagebuchs*, dies ist der dritte Unterschied, liefert Frisch eine Interpretations- bzw. Verständnishilfe nach und kommt auf die Bildnis-Thematik zu sprechen:

Bildnis-Thematik

„Du sollst dir kein Bildnis machen, heißt es, von Gott. Es dürfte auch in diesem Sinne gelten: Gott als das Lebendige in jedem Menschen, das, was nicht erfassbar ist. Es ist eine Versündi-

12 Müller-Salget, S. 61.
13 Zitiert nach: Bänzinger, S. 27.

> gung, die wir, so wie sie an uns begangen wird, fast ohne Unterlaß wieder begehen – ausgenommen wenn wir lieben.“[14]

Diese Ausführungen, die ihr Gewicht für eine Deutung des Textes dadurch erhalten, dass sie an das Ende der Prosaskizze gerückt sind und somit als Verallgemeinerung des zuvor gegebenen konkreten Falls gelten können, finden sich im Stück in einer Äußerung des Paters wieder, der zugesteht, dass auch er sich ein Bildnis von Andri gemacht hat und dadurch schuldig geworden ist (siehe S. 62).

Zweites Gebot

Die Bildnis-Thematik steht im **Kontext des Alten Testaments** und des II. Gebots, das lautet: „Du sollst dir kein Bildnis noch irgendein Gleichnis machen, weder von dem, was oben im Himmel, noch von dem, was unten auf Erden, noch von dem, was im Wasser unter der Erde ist.“ (2. Mose, 20) Frisch sieht nun dieses biblische Gebot, das sich auf Gott bezieht, im Hinblick auf den Menschen, denn er versteht Gott, wie es oben heißt, als das *Lebendige in jedem Menschen*, als das, was nicht *erfassbar* ist. Wie Gott im Gebot verlangt, dass sich die Menschen von ihm keine Bildnisse machen, weil diese Bildnisse in ihrer Eingeschränktheit der Grenzenlosigkeit Gottes nicht gerecht werden können, so sieht Frisch in einem Bildnis, das wir uns von einem Menschen machen, eine Festlegung, die der Individualität des Einzelnen nicht gerecht werden kann. Dem Anfertigen von Bildnissen stellt Frisch die Liebe gegenüber. Im *Tagebuch* notiert er:

> „Es ist bemerkenswert, daß wir gerade von dem Menschen, den wir lieben, am mindesten aussagen können, wie er sei. (…) Wir wissen, daß jeder Mensch, wenn man ihn liebt, sich wie verwandelt fühlt, wie entfaltet, und daß auch dem Liebenden

14 Zitiert nach: Ebd.

> sich alles entfaltet, das Nächste, das lange Bekannte. (…) Die Liebe befreit es aus jeglichem Bildnis. Das ist das Erregende, das Abenteuerliche, das eigentlich Spannende, daß wir mit den Menschen, die wir lieben, nicht fertig werden: weil wir sie lieben; solange wir lieben.“[15]

Bildnis und Liebe

Der Zusammenhang von Bildnis-Thematik und Liebe, auf den Frisch in der zitierten *Tagebuch*-Passage zu sprechen kommt, hat auch eine Bedeutung für das Andorra-Stück. Hier gelingt es der Liebe zwischen Barblin und Andri (die Beziehung der beiden Figuren findet in der Prosaskizze keine Erwähnung) nicht, das Anfertigen von Bildnissen zu überwinden.

Max Frisch ist sich beim Notieren der Prosaskizze nicht von Anfang an darüber im Klaren gewesen, welch großen Stoff für ein Stück er aufs Papier gebracht hatte.

Arbeit am Drama

> „Erst nach Jahren, nachdem ich die erwähnte Tagebuchskizze mehrere Male vorgelesen hatte, entdeckte ich, daß das ein großer Stoff ist, so groß, daß er mir Angst machte, Lust und Angst zugleich – vor allem aber, nachdem ich mich inzwischen aus meinen bisherigen Versuchen kennengelernt hatte, sah ich, daß dieser Stoff *mein* Stoff ist. Gerade darum zögerte ich lang, wissend, daß man nicht jedes Jahr seinen Stoff findet.“[16]

Rezension der *Andorranischen(n) Abenteuer*

Kann die Prosaskizze *Der andorranische Jude* als stoffliche Hauptquelle für das spätere Stück gelten, so gibt es auch Hinweise darauf, warum Frisch ausgerechnet einen Staat namens Andorra

---

15 Zitiert nach: Wendt/Schmitz, S. 69. Zur Bildnis-Thematik im Zusammenhang mit Brecht siehe Kapitel 5.

16 Zitiert nach: Ebd., S. 26.

zum Handlungsort seines Dramas gemacht hat, von dem er ja ausdrücklich sagt, dass damit nicht der Kleinstaat in den Pyrenäen gemeint ist, sondern dass Andorra als Name eines Modells zu verstehen sei. Am 21. Dezember 1932, lange vor der Niederschrift der Prosaskizze also, hat Max Frisch Marieluise Fleißers (1901–1974) Geschichten *Andorranische Abenteuer* (1932) in der Neuen Zürcher Zeitung besprochen. **Fleißers Geschichten**, die allerdings eher den Charakter einer Reisereportage haben, können wiederum der Anlass für Max Frisch gewesen sein, die im ersten Tagebuch unter dem Titel *Marion und die Marionetten* niedergeschriebene Szene in Andorra spielen zu lassen, von dem es heißt: „Andorra ist ein kleines Land, und schon darum ist das Volk, das darin lebt, ein sonderbares Volk, ebenso mißtrauisch wie ehrgeizig, mißtrauisch gegen alles, was aus den eignen Tälern kommt.“[17] Marion, ein Puppenspieler, sieht sich mit Heuchelei konfrontiert, aber auch sich selbst sieht er als Judas im Spiegel (vgl. hierzu die Prosaskizze) und begeht schließlich Selbstmord. In dem Kapitel *Marion und die Gespenster* wird die Vorurteils- und Bildnis-Thematik angesprochen: Marion sieht sich in einen Konflikt mit einem Menschen namens Pedro verwickelt, der gewisse Parallelen zum Konflikt Andris mit Peider aufweist (man beachte auch die gleiche Silbenzahl und den gleichen Anfangskonsonanten der Namen Peider und Pedro). In *Andorra* wiederum findet sich eine Bemerkung Andris gegenüber dem Pater, die auf den Puppenspieler Marion und das Marionetten-Motiv verweist. Andri sagt zum Pater: „Alle benehmen sich heut wie Marionetten, wenn die Fäden durcheinander sind, auch Sie, Hochwürden.“ (S. 77) Nach den Szenen um den Puppenspieler Marion folgen im *Tagebuch* die Kapitel *Du sollst dir kein Bildnis machen* und die Skizze *Der andorranische Jude*.

---

17 Zitiert nach: Bänzinger, S. 23.

Max Frisch hat über viele Jahre mit seinem Stoff gerungen, bevor er ihn in die Theater-Fassung brachte, die wir heute kennen. Im Mai/Juni 1958 überarbeitete er das *Tagebuch 1946–1949* für eine Sonderausgabe als „Suhrkamp-Hausbuch"; für das Schauspielhaus Zürich war eine Uraufführung in der Spielzeit 1958/59 geplant, aber Frisch war von den Ergebnissen seiner Arbeit nicht überzeugt. Der ersten Fassung folgten vier weitere, das Manuskript wurde im Dezember 1960 abgeschlossen, der Titel endgültig 1961 festgelegt. Ab August 1961, vor allem aber während der Proben am Züricher Schauspielhaus, nahm Frisch weitere Veränderungen vor.[18] 15 Jahre nachdem Frisch seinen Einfall notiert hatte, hatte das Theaterstück dann in Zürich Premiere.

Verschiedene Fassungen

18 Ausführlich dokumentiert sind diese Veränderungen bei Wendt/Schmitz, S. 29–40.

3.2 Inhaltsangabe

ZUSAMMEN-FASSUNG

In Andorra lebt Andri, von dem der Lehrer behauptet, er sei ein jüdisches Kind, das er einst vor den „Schwarzen" gerettet und als Sohn angenommen habe. Andri wächst in der Annahme heran, ein Jude zu sein. Er sieht sich mit Vorurteilen der Andorraner gegenüber Juden konfrontiert. Als sich der Lehrer weigert, ihm seine Tochter (Barblin) zur Frau zu geben, glaubt Andri, dass auch der Lehrer voller Vorurteile gegenüber Juden sei. So nimmt er schließlich in seiner Suche nach Identität die „Rolle" des Juden an. Als sich die Lage in Andorra zuspitzt, weil ein Angriff der „Schwarzen" bevorsteht, gesteht der Lehrer schließlich ein, dass Andri gar kein Jude ist, sondern das gemeinsame Kind mit einer „Schwarzen". Andri hat sich aber bereits mit seiner Rolle als „Jude" identifiziert. Als die „Schwarzen" Andorra besetzen, wird er von diesen als Jude eingestuft und getötet.

1. Bild als Exposition

Erstes Bild (S. 9–23)

Am Tag vor dem Fest zu Ehren des Heiligen Georg versieht Barblin das elterliche Haus mit einem neuen weißen Anstrich, wobei sie von dem Soldaten Peider beobachtet wird. Barblin spricht Peider auf seine anzüglichen Blicke an, spricht von ihrem Verlobten und sagt Peider ins Gesicht, dass sie ihn nicht mag.

Im Vordergrund der Bühne reicht der Küchenjunge Andri dem Tischler seinen Stock und wirft das Trinkgeld, das er bekommt, in ein Orchestrion.

Peider fährt mit seinen Anzüglichkeiten gegenüber Barblin fort, macht sich über den Pater lustig und fragt Barblin, wo sie ihre

Kammer habe. Der Pater betritt die Szene, lobt Barblin für ihr Tun und drückt seine Hoffnung aus, dass nicht ein Platzregen komme, woraufhin Peider sagt, der Platzregen würde zeigen, dass unter der weißen Tünche auch die Kirche rot von der roten Erde sei, aus der sie gemacht worden sei.

Farbmetaphorik

Als Peider verschwunden ist, spricht Barblin den Pater auf die Aussage Peiders an, dass die „Schwarzen" Andorra überfallen würden. Der Pater beantwortet Barblins Frage zunächst nicht, sondern kommt auf Barblins Vater, den Lehrer, zu sprechen. Er erzählt Barblin, dass ihr Vater in betrunkenem Zustand Gerüchte in die Welt setze und behaupte, die Andorraner seien auch nicht besser als die Schwarzen; zudem, fährt der Pater fort, bedrohe niemand Andri und niemand habe ihm bisher ein Haar gekrümmt. Kurz geht er auf die Frage Barblins nach den Gerüchten über die Schwarzen ein und sagt dazu, dass niemand ein Interesse daran haben könne, ein armes, schwaches, friedliches und frommes Land wie Andorra zu überfallen. Der Pater fährt mit seinem Rad davon, ohne dass Barblin es bemerkt, die weiter weißelt. Im Vordergrund der Bühne reicht Andri dem Jemand seinen Hut und bekommt ein Trinkgeld dafür. Barblin, die annimmt, der Pater stehe noch hinter ihr, fragt nun, ob es richtig sei, dass die Schwarzen, wenn sie kämen, jeden Juden an einen Pfahl binden und ihn ins Genick schießen würden. Sie erschrickt sich, als sie merkt, dass der Jemand hinter ihr steht, der ihr Vorwürfe wegen ihrer Reden macht. Wie schon Peider und der Pater zuvor äußert sich der Jemand zum Wetter und meint, ein Gewitter hinge in der Luft. Während der Jemand verschwindet und Andri erneut das Orchestrion ertönen lässt, erscheinen der Lehrer und der Tischler, die wegen einer Lehrstelle für Andri miteinander sprechen. Der Tischler meint, Andri habe es nicht im Blut, diesen Beruf zu erlernen. Der Lehrer macht Prader, den Tischler, auf einen Pfahl aufmerksam, der seiner Aussage nach am Tag zuvor

Wettermetaphorik

Symbolik des Pfahls

noch nicht auf dem Platz gestanden habe. Prader aber leugnet es, einen Pfahl zu sehen. Er besteht darauf, gehen zu müssen und verlangt vom Lehrer 50 Pfund, wenn er Andri in die Lehre nehmen soll. Der Lehrer sagt, dass er das Geld nicht habe. Der Wirt betritt die Szene, und der Lehrer beklagt sich bei ihm über den Wucherpreis, den Prader für die Lehre verlangt. Der Wirt meint, die Andorraner seien wie die Juden, wenn es ums Geld ginge. Vom Lehrer gefragt, woher er wisse, wie Juden seien, verteidigt sich der Wirt mit dem Hinweis, er wisse, dass Andri eine Ausnahme sei, und erinnert daran, dass er ihn als Küchenjunge angenommen habe. Auch den Wirt spricht der Lehrer wegen des Pfahls an; der Wirt sagt jedoch, er wisse nicht, wer den Pfahl aufgestellt habe und welchem Zweck er dienen solle. Der Wirt lenkt das Gespräch erneut auf Andris Lehre und den Preis dafür. Er macht dem Lehrer den Vorschlag, ihm Land abzukaufen und dafür die vom Tischler verlangten 50 Pfund zu bezahlen. Barblin tritt hinzu und macht ihrem Vater Vorwürfe, weil er sein Versprechen gebrochen hat, am Sankt Georgstag nichts zu trinken. Eine Prozession zieht unter Glockengeläut an der Kneipe vorbei, Andri teilt Barblin mit, er werde Tischler werden, Barblin schließt sich der Prozession an. Andri ruft ihr nach, dass sie heiraten würden.

Der Wirt wirft den Soldaten Peider, der angetrunken ist, aus der Kneipe. Peider stellt Andri, der vorbeigeht, ein Bein, so dass Andri stürzt. Andri wirft Peider vor, betrunken zu sein und zu stinken; Peider meint, Andri müsse sich als Jude beliebt machen; Andri will einer weiteren Auseinandersetzung aus dem Weg gehen. Als Peider meint, einer wie Andri könne noch nicht einmal Soldat werden, weist Andri ihn darauf hin, dass er Tischler werden wolle. Darauf hin schlägt Peider Andri das Geld, das dieser als Küchenjunge verdient hat, aus der Hand; während Andri das Geld aufsammelt, behauptet Peider, er habe keine Angst, gegen die Schwarzen zu kämpfen, Andri aber sei feige und habe Angst. Andri fordert Peider auf, endlich Barblin, die seine Braut sei, in Ruhe zu lassen, und nennt Peider ein Vieh, bevor er den Schauplatz verlässt.

Vordergrund (S. 24)

Der Wirt tritt an die Zeugenschranke. Er gibt zu, sich wie alle anderen Andorraner über die wahre Herkunft Andris getäuscht zu haben; eine individuelle (persönliche) Schuld am Tode Andris streitet er ab.

Schuldthematik

Zweites Bild (S. 25–28)

Andri und Barblin sitzen vor Barblins Kammer. Andri spricht zu Barblin über die Vorurteile, denen er sich als Jude ausgesetzt sieht: Er habe keine Gefühle, er sei geil, er sei weniger lustig als die anderen. Barblin rät ihm, sich nicht immer wieder damit auseinanderzusetzen, und fordert ihn auf, sie zu küssen, worauf Andri mit einem Lachen reagiert. Andri sagt, er müsse Barblins Vater dankbar sein, weil dieser ihn gerettet habe, dass es aber anstrengend sei, immer dankbar sein zu müssen. Barblin küsst ihn, und Andri fragt sich, ob er nicht den Mut aufbringen solle, dem Lehrer endlich zu sagen, dass er und Barblin verlobt seien. Barblin fordert ihn auf, stolz auf ihre Liebe zu sein und nur an sie und nicht immer an die anderen zu denken. Andri küsst Barblin und stellt dann erneut die Frage, was an ihm anders sei als an den anderen. Die Turmuhr schlägt drei; Andri verspricht Barblin, sie um sieben zu wecken. Er fragt sie noch, ob sie Peider kenne, und erfährt, dass sie ihn kennt.

Identitätsthematik

Liebesmotiv

Vordergrund (S. 29)

Der Tischler gibt zu, dass die 50 Pfund für die Lehre Wucher gewesen sind, hält aber am Klischee vom Juden, dem das Verkaufen liegt, fest.

Vorurteilsthematik

Drittes Bild (S. 30–35)

Selbst- und Fremdbilder

Das dritte Bild ist in der Tischlerei angesiedelt, wo sich Andri darüber freut, dass der Geselle Fedri ihn dazu auffordert, in die Fußballmannschaft zu kommen, deren Kapitän Fedri ist. Fedri, der sich als Freund Andris bezeichnet, raucht eine Zigarette und versucht dann, einem Stuhl, den Andri als Lehrprobe gebaut hat, ein Bein auszureißen, was ihm aber nicht gelingt, da Andri das Bein nicht nur angeleimt, sondern auch verzapft hat. Als der Tischler erscheint und fragt, wer geraucht habe, verschwindet Fedri, aber Andri verrät ihn nicht. Andri reicht dem Tischler seinen Stuhl zur Probe, aber der Tischler nimmt einen anderen. Er sagt, dass Andri das Tischlern nicht im Blut habe und doch lieber in den Verkauf gehen solle. Der Tischler reagiert nicht auf Andris Hinweis, dass er nicht seinen Stuhl in den Händen habe, reißt dem Stuhl die Beine aus und bemängelt Andris angebliche Arbeit. Er setzt sich auf den von Andri gebauten Stuhl und lobt die Arbeit. Als Andri ihn erneut darauf aufmerksam machen will, welchen Stuhl er gebaut hat, ruft der Tischler Fedri, der aber nicht zugibt, dass er den schlechten Stuhl gebaut hat. Der Tischler sagt danach zu Andri, dass er nicht in die Werkstatt gehöre. Andri macht ihm den Vorwurf, die Wahrheit zu kennen, aber zu lügen und zu wollen, dass er, Andri, nichts tauge. Der Tischler bietet Andri an, in den Verkauf zu gehen, weil er das angeblich im Blut habe. Er klopft Andri im Weggehen auf die Schulter.

Vordergrund (S. 36)

Schuldthematik

Der Geselle gibt zu, dass es sein Stuhl war und nicht Andris, den der Tischler geprüft hat. Er behauptet, das Gespräch mit Andri gesucht zu haben, der sich aber abweisend gezeigt habe und sich zu gut gewesen sei, um zum Fußball zu kommen. Der Geselle weist jede Mitschuld am Tod Andris von sich.

Viertes Bild (S. 37–46)

Andri wird im Haus des Lehrers durch den Arzt untersucht, der sich Andri gegenüber freundlich gibt und ihm gegenüber erwähnt, dass der Lehrer früher ein Rebell gewesen sei. Der Arzt erzählt, er sei aus Heimatliebe nach Andorra zurückgekommen, lege auf seinen Professoren- und Doktortitel keinen Wert und habe überall in der Welt von den Vorzügen Andorras gesprochen. Jeder Jude aber solle im Boden versinken, wenn er den Namen Andorra höre. Von Andri nach seinem Urteil über Juden gefragt, führt der Arzt aus, Juden seien ehrgeizig, säßen überall auf der Welt auf den Lehrstühlen, so dass er in die Heimat habe zurückkehren müssen. Dennoch habe er Juden gerettet, obwohl er sie nicht riechen könne. Andri nimmt die Pillen, die der Arzt ihm geben will, nicht an und geht aus dem Zimmer; als der Arzt die Mutter nach dem Grund für dieses Verhalten fragt, sagt sie ihm, Andri sei Jude und er sei ihr Pflegesohn. Als der Lehrer nach Hause kommt, will der Arzt aufbrechen, führt jedoch noch aus, dass er nur einen Spaß habe machen wollen, aber bekanntlich könnten Juden keinen Spaß verstehen. Daraufhin nimmt der Lehrer den Hut des Arztes von dessen Kopf und wirft den Hut auf die Straße. Die Mutter macht ihm wegen seines Verhaltens gegenüber dem Arzt, der der neue Amtsarzt ist, Vorwürfe. Andri und Barblin treten ein. Der Lehrer fordert Andri auf, nichts auf das Geschwätz der Leute zu geben, und bezichtigt den Arzt, sich seinen Titel erschlichen zu haben. Er verlangt von Andri auch, nicht ständig das Wort Jude im Mund zu führen. Als die Familie mit dem Essen beginnen will, trägt Andri dem Lehrer eine Bitte vor: Er bittet den Lehrer um seine Einwilligung zur Hochzeit mit Barblin. Trotz der eindringlich vorgetragenen Bitte, die die Unterstützung der Mutter findet, die den Lehrer wegen seiner Haltung angreift, lehnt der Lehrer ab. Barblin läuft aus dem Haus, droht vorher damit, sich umzubringen oder zu den

Antisemitische Vorurteile des Arztes

Der Hinauswurf des Hutes: ein symbolischer Akt

Vorausdeutung auf das 12. Bild

Soldaten zu gehen (was wohl bedeutet, sich bei ihnen zu prostituieren), und Andri macht dem Lehrer den Vorwurf, er gäbe die Zustimmung zur Heirat nicht, weil er, Andri, Jude sei, woraufhin der Lehrer in einer sich emotional steigernden Rede sagt, dass er das Wort Jude nicht mehr hören könne. Er bleibt bei seiner ablehnenden Haltung, nennt Andri aber keine Gründe dafür. Der Lehrer und Andri verlassen den Raum.

Fünftes Bild (S. 47–48)

Herkunft Andris/ Seelenleben des Lehrers

Der Lehrer kommt zur Erkenntnis, dass die von ihm einst in die Welt gesetzte Lüge, Andri sei ein von ihm gerettetes Judenkind, nun dazu führt, dass man ihm unterstellt, seine Tochter sei ihm zu gut für einen Juden. Der Jemand kommt hinzu und fragt nach Neuigkeiten, worauf der Lehrer nur mit Schweigen antwortet. Der Jemand weiß zu berichten, dass Andorra sich wieder Drohungen „von drüben" ausgesetzt sieht. Der Lehrer geht in die Kneipe, der Jemand zeigt sich froh darüber, dass das Orchestrion nicht mehr spielt, seitdem Andri nicht mehr Küchenjunge ist.

Sechstes Bild (S. 49–54)

Es ist Nacht. Andri schläft vor Barblins Kammer; der Soldat Peider taucht auf; nach einigem Zögern steigt er über Andri hinweg, öffnet die Tür. Barblin erscheint, will schreien, aber Peider hält ihr den Mund zu.

Verschärfung der Identitätskrise Andris

Andri erwacht vor der wieder geschlossenen Tür. Durch die Tür spricht er zu Barblin. Er verspricht ihr, Nacht für Nacht vor der Tür zu sitzen, sollte sich ihr Vater darüber auch zu Tode saufen. Andri sagt, dass er begonnen habe, die anderen zu hassen, und dass er Andorra gemeinsam mit Barblin verlassen wolle. Er erzählt, dass er sein Geld spare, es nicht mehr in das Orchestrion werfe und schon einundvierzig Pfund beisammen habe. Er habe Peider gesehen, fährt er fort, der immer grinse, was ihm aber nichts mehr ausmache. Andris Monolog wird durch den Lehrer unterbrochen, der Andri mit „Mein Sohn" anredet, was dieser aber zurückweist. Der Lehrer, betrunken und verzweifelt, will mit Andri reden, wird aber von diesem beschimpft, verhöhnt und abgelehnt. Andri sagt, dass er den Lehrer geachtet habe, weil er glaubte, dieser sei anders als die Andorraner, er habe Mut; jetzt habe sich aber gezeigt, dass der Lehrer sei wie die anderen auch. Die Versuche des Lehrers, die Wahrheit auszusprechen, werden von Andri unterbrochen. Als der Lehrer gesteht, er habe gelogen, weist Andri ihn mit den Hinweis ab, er müsse um sieben im Laden sein, um Geld zu verdienen, weil er ein Jude sei. Andri sagt dem Lehrer, er ekele sich vor ihm, und schickt ihn mit der Bemerkung, er solle urinieren gehen, fort. Die Frage des Lehrers, ob Andri ihn hasse, beantwortet dieser mit Schweigen. Als der Lehrer gegangen ist, rüttelt Andri an Barblins Tür; da niemand antwortet, versucht er die Tür aufzusprengen. Die Tür wird geöffnet; im Türrahmen steht Peider, dessen Gurt geöffnet und dessen Oberkörper nackt ist. Er fordert Andri auf zu verschwinden.

Motiv des Verrats: Verweis auf Matthäus 26/34

Vordergrund (S. 55)

Peider gibt zu, dass er Andri nie leiden mochte. Er habe nicht wissen können, dass Andri kein Jude gewesen sei, fährt er fort, um dann auszusagen, dass er immer noch glaube, Andri sei ein Jude gewesen. Er habe ihn nicht getötet, sondern nur seinen Dienst getan und Befehle ausgeführt.

Leugnung von Schuld und Bestätigung von Vorurteilen

Siebentes Bild (S. 56–61)

Der Pater will mit Andri ein Gespräch führen, auf Wunsch von Andris Pflegemutter, wie er ausdrücklich betont, und hat Andri in die Sakristei bestellt. Nachdem Andri zunächst schweigt, konfron-

Bildnis-Thematik als Gesprächsthema

tiert er den Pater mit der Frage, ob es stimme, dass er anders sei als die anderen, worauf der Pater antwortet, dass er Andri so möge, wie er sei. Als der Pater sich nach der Tischlerlehre erkundigt, sagt ihm Andri, dass er nicht Tischler, sondern Verkäufer werde, dass ihn niemand möge und dass die anderen Andorraner ihm vorwürfen, vorlaut, ehrgeizig, ohne Gemüt und feige zu sein. Der Pater sagt zu Andri, dass er etwas Gehetztes habe, was Andri zu dem Hinweis veranlasst, er müsse ständig darüber nachdenken, ob er wirklich so sei, wie man sage. Er könne sich nicht leiden, wenn er an sich selbst denke, fährt Andri fort. Als er gehen will, sagt der Pater ihm, er habe ihn seit Jahren beobachtet und finde, dass er ein Prachtkerl sei. Er gefalle dem Pater, weil er anders und intelligenter sei. Andri aber entgegnet, er wolle nicht anders sein, er sei nicht feige und nicht gescheiter als die anderen.

Identitätskrise und Rollenfestlegung

Andri als Sündenbock und Versagen des Paters

Der Pater bringt das Gespräch auf Andris Pflegemutter, die sich große Sorgen mache; Andri äußert den Vorwurf, Can wolle ihm Barblin nicht geben, weil er Jude sei. Darauf reagiert der Pater mit dem Hinweis, dass Andri, wie alle Juden, eine Unart hätte, nämlich die zu meinen, alles Negative widerfahre ihnen, weil sie Juden seien. Andri wendet sich ab und weint. Unter Schluchzen sagt Andri, dass Barblin ihn nicht lieben könne, dass niemand ihn lieben könne, weil er sich selbst nicht liebe. Daraufhin führt der Pater aus, dass es falsch sei, sich nicht selbst anzunehmen und zu versuchen, zu sein wie die anderen; er bewundere Andri wegen seines Verstandes; niemand könne aus seiner Haut, und Andri solle es annehmen, ein Jude zu sein; feige sei er nur dann, wenn er sein wolle wie die anderen; die anderen könnten ihn erst annehmen, wenn er sich selbst annähme.

Vordergrund (S. 62)

Der Pater kniet und betet, das Gebot „Du sollst dir kein Bildnis machen" zitierend. Er bekennt seine Schuld, die er darin sieht, dass auch er sich ein Bildnis von Andri gemacht und ihn dadurch an den Pfahl gebracht habe.

Schuldbekenntnis des Paters

Achtes Bild (S. 63–71)

Der Doktor, der Wirt, der Tischler, der Geselle, der Soldat Peider und der Jemand reden über die Bedrohung durch die Schwarzen. Der Wirt muss sich verteidigen, weil er einer „Senora", die von „drüben" ist, ein Zimmer vermietet hat. Die Andorraner bestätigen sich gegenseitig ihre patriotische Gesinnung und betonen die Beliebtheit Andorras in aller Welt, wobei sich besonders der Doktor hervortut. Peider betont seine Bereitschaft, alle Angreifer Andorras zu bekämpfen. Der Idiot bringt den Koffer der Senora, die sogleich der Spitzelei bezichtigt wird, was den Wirt veranlasst, erneut sein Verhalten, ihr ein Zimmer vermietet zu haben, zu rechtfertigen. Er betont, dass er kein Verräter sei, dass in Andorra noch das Gastrecht gelte, er aber der erste wäre, der einen Stein würfe. Als der Geselle gegen den Koffer tritt, wird er vom Doktor dafür gerügt, der der Auffassung ist, dass solche Aggressionen die Rechtfertigung für einen Angriff auf Andorra abgeben könnten. Als die Senora auftaucht und sich an einen freien Tisch setzt, verlassen der Doktor, der Tischler, der Geselle und der Jemand den Platz, während der Soldat Peider die Dame begafft. Andri erscheint und wirft Geld in das Orchestrion. Die Dame gibt dem Idioten einen Zettel, den er dem Lehrer Can bringen soll. Der Geselle kehrt in Begleitung von drei Soldaten zurück. Peider fragt Andri, wie es seiner Braut gehe, woraufhin dieser ihm die Mütze vom Kopf schlägt. Es kommt zu einer Schlägerei zwischen Andri und Peider, wobei die drei Soldaten Andri festhalten, während Peider auf ihn einschlägt.

Fortschreitende Ausgrenzung Andris

Dynamisierung des Konflikts: Auftauchen der Senora

Als sich Andri losreißen kann, gibt ihm der Geselle einen Fußtritt. Peider bringt ihn zu Fall, die Soldaten und der Geselle treten auf ihn ein, bis die Senora erscheint. Die Soldaten lassen von Andri ab und verschwinden. Die Senora kümmert sich um Andri und fordert den Wirt auf, eine Arzt zu holen. Der Wirt macht Andri Vorwürfe, dass er gekommen sei, während die Soldaten anwesend gewesen wären, und lehnt es ab, den Arzt zu holen. Andri sagt, dass er vom Arzt, den er kenne, nicht betreut werden wolle. Die Senora fordert Andri auf, sie zu seinem Vater zu führen. Als sie den Platz verlassen haben, tauchen der Arzt und der Wirt auf. Der Doktor sagt, dass er nichts gegen Juden habe, sich aber nicht wohl fühle in ihrer Anwesenheit, da sie es immer darauf anlegten, dass man ihnen ein Unrecht tue. Er fordert den Wirt auf, über den Vorfall zu schweigen.

Vordergrund (S. 72 f.)

Enthüllung der Vorgeschichte und Spannungssteigerung

Es kommt zu einem Gespräch zwischen der Senora und dem Lehrer. Es stellt sich heraus, dass Andri beider gemeinsames (uneheliches) Kind ist. Die Senora will vom Lehrer wissen, warum dieser die Lüge vom geretteten Judenkind in die Welt gesetzt habe, zumal er ihr den Vorwurf der Feigheit gemacht habe, weil sie sich nicht zu ihrem Kind bekannt habe. Der Lehrer verspricht, den Andorranern nun die Wahrheit zu sagen, bezweifelt aber, dass die Andorraner diese Wahrheit hören wollen.

Marlen Diekhoff als Senora im Gespräch mit dem Lehrer (Michael Prelle) in einer Inszenierung des Deutschen Schauspielhauses Hamburg 2006 © Cinetext/Zimmermann

Neuntes Bild (S. 74–82)

Letzte Elemente der Vorgeschichte

Das Bild beginnt mit einem Gespräch zwischen Andri und der Senora, seiner Mutter, die Andorra aber wieder verlassen will. Sie erzählt Andri von ihrer Jugendzeit, ihren Träumen und Hoffnungen, sagt ihm, dass sie sich wiedersehen werden, und küsst Andri zum Abschied, ohne ihm allerdings zu sagen, dass sie seine Mutter ist. Der Lehrer und seine Frau (Andris Stiefmutter) treten ein. Der Lehrer fordert Andri auf, die Senora zu begleiten, aber nicht über den Platz zu gehen. Der Lehrer teilt seiner Frau mit, dass der Pfarrer Andri über seine wahre Herkunft aufklären soll, da Andri ihm nicht mehr glaube. Die Mutter macht ihm Vorwürfe, dass er nicht nur die Andorraner, sondern vor allem Andri verraten habe. Als der Pater eintritt, sagt sie ihm, er habe Andri zuvor erklärt, dass er ein Jude sei und das annehmen solle, nun soll er ihm erklären, dass er ein Andorraner sei und auch dies annehmen solle. Andri kehrt zurück und erklärt, die Senora wolle lieber allein gehen, habe ihm aber zum Abschied einen Ring geschenkt. Der Lehrer verlässt den Raum, um die Senora zu begleiten. Andri fragt, wer denn überhaupt diese Frau sei, und sagt, dass alle so nervös wirkten. Er äußert zudem den Verdacht, die Frau könne einmal des Lehrers Geliebte gewesen sein. Mehrfach wird er vom Pater aufgefordert, sich zu setzen und zuzuhören. Schließlich teilt der Pater Andri mit, dass er ihn beim letzten Gespräch in der Annahme, er sei ein gerettetes Judenkind, dazu aufgefordert habe, sein Judentum anzunehmen. Nun aber habe sich herausgestellt, dass er des Lehrers leiblicher Sohn und dass die Senora seine Mutter sei und dass der Lehrer die Geschichte vom geretteten Judenkind nur erfunden habe. Andri, so fährt der Pater fort, sei Andorraner. Andri aber entgegnet ihm, man habe ihn ein Leben lang darauf aufmerksam gemacht, dass er anders sei. Er habe begonnen, darauf zu achten, ob das stimme und habe entdeckt, dass er tatsächlich anders sei. Er habe also sein Judentum angenommen, und nun sei es an den Andorranern, ihn als ihren Juden anzunehmen. In einer Art Vision blickt Andri in die Zukunft, sieht sein Schicksal voraus, prophezeit die Verdammung aller, sagt, dass der Pater ihn verraten werde, wenn man kommen werde, um ihn zu holen. Die Szene endet damit, dass der Lehrer erscheint und berichtet, dass die Senora von einem Stein getötet worden sei, den angeblich Andri geworfen haben soll.

Annahme der „Judenrolle“ durch Andri/ Vorausdeutungen/ Selbststilisierung Andris

Vordergrund (S. 83)

Verdrängung von Schuld

Der Jemand behauptet, es sei nicht erwiesen, wer den Stein geworfen habe. An Andri erinnere er sich, weil er immer das Orchestrion habe spielen lassen. Andri habe ihm Leid getan, doch was genau passiert sei, wisse er nicht. Der Jemand sagt, man müsse auch vergessen können.

Zehntes Bild (S. 84–89)

Andri sitzt allein mitten auf dem Platz von Andorra. Ein Stimme hinter einer Mauer flüstert ihm etwas zu, Andri reagiert, indem er sagt, er habe den Stein nicht geworfen und sehe keinen Grund, sich zu verstecken. Man kann das Gedröhne eines Lautsprechers hören. Der Lehrer erscheint, ein Gewehr im Arm, und sagt Andri, er solle vom Platz verschwinden, da die Schwarzen gekommen seien. Wieder ertönt der Lautsprecher, dessen Ansagen nun teilweise verständlich werden. Unbewaffnete Andorraner gehen über den Platz als Zeichen der Kapitulation Andorras. Der Lehrer nennt Andri seinen Sohn, wogegen dieser sich wehrt. Der Lehrer weist darauf hin, dass er allen gesagt habe, dass Andri sein Sohn sei und Andri ihm das glauben müsse. Als aus einigen Fenstern schwarze Fahnen gehisst werden, sagt Andri, dass die Andorraner nun noch einen Sündenbock bräuchten. Der Lehrer versucht, Andri die Beweggründe für sein Handeln zu erklären. Er habe aus Feigheit geleugnet, ein gemeinsames Kind mit einer Schwarzen zu haben; ein Judenkind gerettet zu haben, sei rühmlich gewesen, weil es den Andorranern geschmeichelt hätte, nicht wie die Schwarzen zu sein.

Andri als Sündenbock (siehe 3. Mose 16)

Der Lehrer fordert Andri auf, ihm zu glauben, dass er sein Sohn sei, doch Andri sagt, er sei verloren, er werde sterben wie Hunderttausende zuvor, was der Lehrer nicht verstehen könne, da er kein Jude sei. Andorraner erscheinen, unter ihnen der Soldat Peider. In einem kurzen Kampf entwaffnet er den Lehrer, der die Andorraner wüst beschimpft. Andri ist verschwunden.

Andris Identifikation mit der Leidensgeschichte des jüdischen Volkes

Vordergrund (S. 90)

Das Orchestrion spielt; zwei bewaffnete Soldaten der Schwarzen patrouillieren auf der Bühne.

Elftes Bild (S. 91–95)

Die Kammer als Schicksalsort

Vor Barblins Kammer kommt es zu einer Begegnung zwischen Barblin und Andri, der von Barblin wissen will, wie oft sie mit dem Soldaten geschlafen habe. In das Schweigen Barblins stellt Andri erneut seine Frage; Barblin beginnt zu schluchzen und bezeichnet Andri als ungerecht. Dieser aber fordert sie auf, mit dem Weinen aufzuhören, und nimmt nicht wahr, dass Barblin um ihn besorgt ist. Sie fordert ihn auf, sich in ihrer Kammer zu verstecken, von deren Existenz niemand wisse, was Andri zum Anlass nimmt anzumerken, dass Peider wisse, wo die Kammer sei. Trommelgeräusche deuten an, dass das Haus umstellt wird. Als die Trommeln verstummen, sagt Andri, dass man nach ihm suche. Er fordert Barblin auf, sich auszuziehen, ihn zu küssen und mit ihm zu schlafen, und öffnet Barblin die Bluse; Barblin bittet ihn, sich zu verstecken, da er sonst verloren sei. Die Haustür wird eingeschlagen, Andri lässt von Barblin ab und verschwindet in der Kammer, da er aus Fürsorge für Barblin nicht will, dass man sie und ihn zusammen findet. Peider erscheint und fragt nach dem Juden. Als Barblin sagt, es gäbe keinen Juden, wird sie zur Seite gestoßen, und Peider geht zur Kammertür. Andri erscheint. Er wird gefesselt und abgeführt; Peider sagt, alle müssten vor die Judenschau, wo sich erweisen werde, ob Andri ein Jude oder Barblins Bruder sei.

Vordergrund (S. 96 f.)

Abweisung von Schuld

Die Zeugenaussage des Doktors ist die längste von allen, obwohl sie mit dem Satz eingeleitet wird: „Ich möchte mich kurz fassen (…).“ In seinen weitschweifigen Ausführungen, durchsetzt mit Erinnerungslücken und der Behauptung, Andri kaum gekannt zu haben, leugnet auch er jegliche Schuld, ergeht sich in Allgemeinplätzen über die Geschehnisse, bedauert – ganz vage bleibend – den Lauf der Dinge, sieht zu seinem damaligen Verhalten keine

Alternative, konstatiert aber zugleich, dass Andris Verhalten etwas Jüdisches gehabt habe. Wenn der Doktor sagt: „Was hat unsereiner denn eigentlich getan? Überhaupt nichts.“ (S. 96, Z. 8 f.), so fällt diese als Entschuldigungsargument gemeinte Aussage auf ihn zurück, denn tatsächlich hat er nichts getan, um Andris Leben zu retten und ihn vor seinen Verfolgern zu schützen.

Zwölftes Bild (S. 98–116)

Zusammenführung von öffentlichem und privatem Handlungsstrang in der Katastrophe

Auf dem von Soldaten in schwarzer Uniform umstellten Platz von Andorra haben sich die Andorraner versammelt. Der Doktor beschwichtigt die anderen Anwesenden, indem er sagt, nichts werde sich ändern, man solle jetzt nur keinen Widerstand leisten, und kein Andorraner habe etwas zu befürchten. Als der Jemand und der Wirt die Sprache auf Andri bringen, von dem der Lehrer sage, er sei kein Jude, sondern Andorraner, behauptet der Doktor, man sehe es Andri an, dass er Jude sei, und der Wirt sagt aus, Andri habe den Stein auf die Senora geworfen. Schwarze Tücher werden verteilt; Barblin erscheint und flüstert mit einzelnen Gruppen, wird aber von den Andorranern abgewiesen. Der Wirt demonstriert, wie Andri den Stein aufgehoben haben soll. Auf ein Trommelsignal hin sollen die Andorraner die schwarzen Tücher über den Kopf ziehen. Zunächst folgt nur der Idiot der Aufforderung, der Wirt will sich weigern. Als der Lehrer und seine Frau, beide unvermummt, hinzutreten und der Lehrer den Wirt beschuldigt, den Stein geworfen zu haben, zieht sich auch der Wirt ein Tuch über und verschwindet in der Menge. Auf einen Pfiff hin beginnen die Andorraner ihre Schuhe auszuziehen. Der Lehrer, immer noch unvermummt, tritt unter die Andorraner, als einziger stehend. Er beschwört, dass Andri sein Sohn sei, bezichtigt die Andorraner der Lüge und sagt ihnen, dass einer unter ihnen ein Meuchelmörder sei, den sie aber in ihren Reihen duldeten. Der Soldat erscheint und gibt den Andorranern Anweisungen für die

Rituale der Selektion

Judenschau. Der Lehrer fragt nach dem Pater, der nicht anwesend ist, wird aber vom Soldaten zur Ruhe aufgefordert. Der Judenschauer erscheint. Auf zwei Pfiffe hin und unter Trommelschlägen sollen die vermummten Andorraner barfüßig über den Platz schreiten. Als erster geht der Idiot los, wird aber vom Soldaten zurückgewiesen. Barblin tritt vermummt vor den Judenschauer, reißt sich das Tuch vom Kopf und sagt zum Soldaten, er solle dem Judenschauer mitteilen, dass kein Andorraner über den Platz ginge, selbst wenn sie zur Strafe ausgepeitscht und erschossen würden. Daraufhin wird Barblin von zwei Soldaten weggeschleift. Langsam gehen nun die Andorraner, einer nach dem anderen, über den Platz, vom Soldaten dazu aufgefordert, nach dem Gang die Tücher ordentlich zusammenzufalten. Beim Gang über den Platz stolpert der Tischler Prader über einen Stein und wird vom Soldaten zum Weitergehen aufgefordert, der den Andorranern zudem die Anweisung gibt, nach ihrem Gang über den Platz ihre Schuhe mitzunehmen. Der Doktor findet seine Schuhe nicht, beschwert sich darüber, dass jemand die seinigen genommen habe, der Geselle will genau wissen, wie die Tücher zu falten seien. Ein dreifacher Pfiff ertönt; ein Vermummter bleibt stehen; unter dem Tuch ist der Jemand, der aber nach einer Musterung durch den Judenschauer den Platz verlassen darf. Nachdem auch der Wirt den Platz überquert hat, ertönen abermals drei Pfiffe. Der Vermummte unter dem Tuch ist Andri; der Lehrer und die Mutter beteuern erneut, dass Andri kein Jude, sondern des Lehrers Sohn und Andorraner sei und dass er den Stein nicht geworfen habe. Der Judenschauer mustert Andri, kehrt dessen Hosentaschen nach außen, wobei Geld herausrollt, betastet Andris Haar und verlässt dann den Platz. Der Soldat fordert Andri auf, ihm den Ring auszuhändigen, den er am Finger trägt, was Andri aber verweigert. Er wird von Soldaten umringt, man hört seinen Schrei, dann wird er abgeführt. Die Andorraner nehmen ihre Schuhe, verlassen den

Thematisierung von Antisemitismus und Holocaust

Schlussszene von *Andorra* in einer Inszenierung am Berliner Schiller-Theater 1962 © ullstein bild – Croner, Harry

Platz, vom Lehrer noch einmal wegen ihres Verhaltens angegriffen. Tischler, Doktor und Wirt verschwinden in der Kneipe; die Szene wird dunkel, das Orchestrion fängt an zu spielen. Als es wieder hell wird, sieht man Barblin, jetzt kahl geschoren, das Pflaster weißelnd. Die Musik hört auf, der Pater erscheint. Barblin, immer wieder die Sätze „Ich weißle, ich weißle" sagend, hat, wie der Pater meint, den Verstand verloren; Barblin bezichtigt die Andorraner, Mörder zu sein, fordert vom Wirt Andris Schuhe, fragt den hinzukommenden Soldaten, wo er Andri hingebracht habe, und fragt den Doktor, ob er Andris Finger gesehen habe. Als die Andorraner beginnen, sich über Barblin zu empören, teilt der Pater ihnen mit, dass sich ihr Vater im Schulzimmer erhängt habe und dass sie ihren Bruder und ihr Haar suche. Die Andorraner ziehen sich in die Pinte zurück. Barblin fragt den Pater, wo er gewesen sei, als man „unsern" Bruder wie

Schlachtvieh abgeführt habe. Der Pater sagt, er bete für Andri jeden Tag und ihr Haar werde wieder wachsen. Als er sie wegführen will, kehrt sie zu den Schuhen Andris zurück, die immer noch auf dem Platz stehen. Sie fordert die Andorraner auf, die Schuhe stehen zu lassen und nicht anzurühren, falls Andri wiederkomme.

3.3 Aufbau

ZUSAMMENFASSUNG

- → Das Stück ist in zwölf Bilder und Vordergrundszenen (Zeugenaussagen) eingeteilt.
- → Mittelpunktfigur ist Andri.
- → Die gespielte Zeit wird entgrenzt.
- → Über die Mittelpunktfigur, über Themen, den Aufbau von Bildebenen, Motive und Symbole werden die zwölf Bilder und die „Zeugenaussagen" verbunden.
- → Haupthandlungsort ist der Platz von Andorra.

Szenischer Aufbau

Das Stück ist in zwölf unterschiedlich lange Bilder eingeteilt, deren umfangreichstes das letzte Bild ist. Nach den Bildern 1–3, 6–7, 9 und 11 folgt jeweils eine Aussage im Vordergrund. Mit Ausnahme des Paters (7. Bild) treten alle Zeugen bei diesen Aussagen in Zivilkleidung auf und sprechen an der Zeugenschranke. Einzig der Pater trägt seine „Dienstkleidung"; er steht auch nicht an der Schranke, sondern kniet, so dass davon ausgegangen werden kann, dass es sich nicht um eine Aussage im öffentlichen Raum handelt, sondern um ein gebetsartiges Zwiegespräch mit Gott. Dem achten Bild ist das Gespräch zwischen dem Lehrer und der Senora nachgeordnet; nach dem zehnten Bild folgt das stumme Patrouillieren zweier Soldaten der „Schwarzen".

Zeugenschranke

Andri als Mittelpunktfigur

Mit Ausnahme des fünften Bildes tritt Andri in allen Bildern auf, was deutlich macht, dass er die Mittelpunktfigur des Stücks ist. In ihm überschneiden sich der private Handlungsstrang (Andris Ringen um Identität, sein Schicksal) und der öffentliche Handlungsstrang (Bedrohung und Besetzung Andorras). Beide Handlungsstränge beginnen im ersten und enden im letzten Bild des Stücks.

Die Bilder 1–6 zeigen Andri auf der Suche nach Identität und konfrontieren ihn dabei mit den Vorurteilen der Andorraner. Seine Hoffnungen werden vollends im sechsten Bild zerstört (Andri interpretiert die Vergewaltigung Barblins durch Peider als Betrug/Verrat Barblins). Das Bild kann als Höhepunkt des Identitätsverlustes und zugleich als Wendepunkt seiner Identitätssuche verstanden werden, denn nach dem (ersten) Gespräch mit dem Pater beginnt er damit, seine Rolle als Jude anzunehmen. Im neunten Bild (zweites Gespräch mit dem Pater) hat er sich bereits so weitgehend mit seiner Rolle identifiziert, dass ihn die Wahrheit nicht mehr erreicht bzw. ihn nicht mehr interessiert. Seine Identifikation mit dem jüdischen Volk und seiner Leidensgeschichte steigert sich im zehnten Bild (Gespräch mit seinem Vater, dem Lehrer) und findet im zwölften Bild seinen Höhe- und Endpunkt, als Andri auf die Kategorisierung als Jude durch den Judenschauer nur mit einem Lächeln und ansonsten sprachlos und ohne Widerstand reagiert, er sich aber dagegen wehrt, den Ring seiner Mutter abzugeben. Mit der Annahme der ihm zugeschriebenen Rolle und der angeschlossenen Identitätsfindung wird seine Konfrontation mit Vorurteilen ergänzt um die Konfrontation mit körperlicher Gewalt, so dass die Identitätsgewinnung zugleich mit einem Leidensprozess einhergeht: Im achten Bild wird er zusammengeschlagen und getreten, im elften Bild wird er gefangen genommen und abgeführt, im zwölften Bild wird er verstümmelt und getötet (die Parallelen zur Leidensgeschichte Christi sind hierbei unverkennbar).

Parallelen zur Leidensgeschichte Christi

Beschreibt man den Aufbau von Frischs Stück mit den Kategorien des klassischen Dramas, so erfüllt das erste Bild die Funktion einer **Exposition**; im sechsten und siebten Bild liegen, bezogen auf die Entwicklung Andris, der **Höhe- und Wendepunkt** des Dramas, das im 12. Bild mit der **Katastrophe** abgeschlossen wird.

Themen, Bildebenen, Motive, Symbole

Die zwölf Bilder werden durch die Mittelpunktfigur Andri sowie durch Themen und Motive und Bilder bzw. Symbole miteinander verknüpft, in deren Kontext auch optisch-akustische Zeichen (Kostüme, Requisiten, akustische Signale) ein **Bedeutungsgeflecht** entfalten. Als **thematischer Kern** zieht sich die Bildnis- bzw. Vorurteilsthematik durch das gesamte Drama, die anhand der Identitätssuche Andris in ihrer Wirkungsmächtigkeit entfaltet wird. Zugespitzt wird die Bildnis-/Vorurteilsthematik auf den Antisemitismus als Ausprägung rassistischer Vorurteilsbildung. Verknüpft ist diese Thematik mit dem Motiv der Liebe und des Verrats. So verrät der Lehrer etwa seine Ideale, indem er aus Furcht lügt; der Pater verrät Glaubensgrundsätze, weil er Andri Nächstenliebe, Zuspruch, Hilfe und Trost verweigert; Andri wird zum Verräter an der Liebe zu Barblin, weil er sie in ein Bildnis presst. Etliche Symbole ziehen sich durch das Stück, so etwa die Symbolik des Steins, des Pfahls, der Haare, des Farbkontrastes, des Handauflegens und des Weißelns[19]. Die Aussagen der Andorraner vor der Zeugenschranke heben diese in mehrfacher Hinsicht in ihrer symbolischen und dramaturgischen Bedeutung hervor: Die Aussagen im Vordergrund durchbrechen den Gang der Handlung und haben somit einen anti-illusionistischen Charakter; zugleich konfrontieren sie die Aussagenden und ihre Aussagen mit ihren Handlungen und offenbaren so Widersprüche, Lügen, opportunistisches Verhalten und (teilweise auch immer noch) vorhandene Vorurteile der Aussagenden. Die Zeugenaussagen sind alle vor dem zwölften Bild angesiedelt und haben teilweise vorausdeutende Funktion. Gleichzeitig aber werfen sie einen Blick zurück auf bereits Geschehenes, sie dienen somit der „Konfrontation des heutigen Zeugen mit dem geschichtlichen Tatort.“ (Max Frisch, zitiert nach A, S. 129) Durch

Anti-illusionistischer Charakter

---

19 Siehe hierzu auch Brechts *Lied vom Anstreicher Hitler* und sein *Lied von der Tünche*.

die Zeugenaussagen werden die (gespielte) Gegenwart und die (gespielte) Vergangenheit miteinander verflochten, wodurch das Stück zeitlich entgrenzt wird. Die in den zwölf Bildern geschilderte Handlung, die sich – mit kleineren und größeren Zeitsprüngen zwischen den Bildern – über mehrere Tage erstreckt, wird aus der Vergangenheit in die Gegenwart geholt und in ihrer Bedeutung für die Gegenwart verdeutlicht. Somit wird nicht die Tötung Andris zum eigentlichen Skandal, sondern die Reaktion der Andorraner darauf.[20]

Entgrenzung der Zeit

Das Stück spielt in Andorra, wobei es sich nach Max Frisch jedoch nicht um den Kleinstaat Andorra handelt: „Das Andorra dieses Stücks hat nichts zu tun mit dem wirklichen Kleinstaat dieses Namens, gemeint ist auch nicht ein anderer wirklicher Kleinstaat; Andorra ist der Name für ein Modell." (S. 8) Der Schauplatz für den größten Teil der Handlung ist ein öffentlicher Raum (der Platz von Andorra, Pinte). Soweit Innenräume eine Rolle spielen (Haus des Lehrers, Schwelle vor der Kammer Barblins) und hier „Innenansichten" der Figuren gezeigt werden, sind auch diese bestimmt durch Konflikte, die von außen auf die Figuren einwirken. So wird die Intimität der Schwelle vor Barblins Kammer durch den Einbruch personaler Gewalt (Peider) und struktureller Gewalt (Soldaten der Schwarzen) zerstört. Von der räumlichen Struktur her bildet der Platz Andorra den zentralen Geschehensort, über den Frisch einmal geschrieben hat:

Ort: Andorra als Modell

> „Das Grundbild für das ganze Stück ist der Platz von Andorra. Gemeint ist ein südländischer Platz, nicht pittoresk, kahl, weiß mit wenigen Farben unter finsterblauem Himmel. Die Bühne soll so leer wie möglich sein. Ein Prospekt im Hintergrund deu-

Der Platz als zentraler Handlungsort

---

20 Vgl. Bekes, S. 22 f.

> tet an, wie man sich Andorra vorzustellen hat; auf der Spielfläche steht nur, was die Schauspieler brauchen. Alle Szenen, die nicht auf dem Platz von Andorra spielen, sind davorgestellt. Kein Vorhang zwischen den Szenen, nur Verlegung des Lichts auf den Vordergrund. Es braucht kein Anti-Illusionismus demonstriert zu werden, aber der Zuschauer soll daran erinnert bleiben, daß ein Modell gezeigt wird, wie auf dem Theater eigentlich immer." (S. 117 f.)

Der Platz bildet eine räumliche Klammer um das gesamte Stück, an ihm spielen das erste und das letzte Bild, auf dem Platz fallen private und öffentliche Handlung in eins.

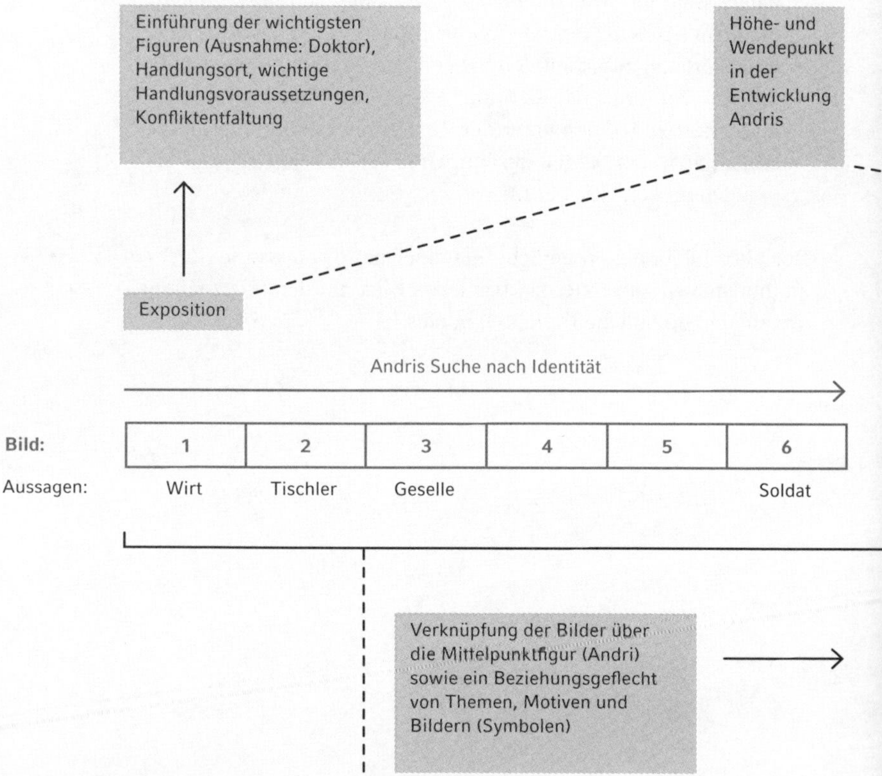
Einführung der wichtigsten Figuren (Ausnahme: Doktor), Handlungsort, wichtige Handlungsvoraussetzungen, Konfliktentfaltung
Höhe- und Wendepunkt in der Entwicklung Andris
Exposition
Andris Suche nach Identität
Bild:
1
2
3
4
5
6
Aussagen:
Wirt
Tischler
Geselle
Soldat
Verknüpfung der Bilder über die Mittelpunktfigur (Andri) sowie ein Beziehungsgeflecht von Themen, Motiven und Bildern (Symbolen)

Erneut alle wichtigen Figuren vorhanden, gleicher Handlungsort (Platz von Andorra), alle Handlungsvoraussetzungen geklärt, Konflikte gelöst (Besetzung Andorras, Tod Andris)

Katastrophe

Annahme der Identität und Leidensgeschichte

7	8	9	10	11	12
Pater	Gespräch Lehrer–Senora	Jemand	Soldaten	Doktor	

Themen/Motive:

Bildnis- und Vorurteilsthematik, Antisemitismus, Identitätssuche, Motiv der Liebe und des Verrats

Bilder/Symbole:

die Farbsymbolik, die Symbolik des Steins, des Pfahls, der Schuhe, der Haare, der Geste des Handauflegens und die Symbolik der Zeugenschranke; der Zeichencharakter von Kostümen (z.B. Uniformen und Requisiten wie Tücher) sowie akustischen Signalen (z.B. Glocken, Trommel, Pfiff, Orchestrionmusik)

3.4 Personenkonstellation und Charakteristiken

ZUSAMMENFASSUNG

- → Das Personenverzeichnis weist nur Andri und Barblin mit Namen aus.
- → Die anderen Figuren sind durch ihren Beruf (Lehrer, Pater) oder ihren sozialen Status (Mutter) gekennzeichnet.
- → Die Mittelpunktfigur des Dramas ist Andri. Er ist als dynamische Figur (Veränderung) angelegt.
- → Vergleicht man das Selbstbild (Autostereotyp) der Andorraner mit ihrem Fremdbild (Heterostereotyp) und ihrem tatsächlichen Verhalten, zeigt sich, dass sie eigene negative Eigenschaften und Verhaltensweisen auf Andri projizieren.
- → Die Andorraner sind von Vorurteilen geprägt.
- → Andri hat für die Andorraner eine Sündenbockfunktion.

Andri

Dynamische Figur

Andri, die Mittelpunktfigur des Dramas, ist, vom fünften Bild einmal abgesehen, in allen Bildern präsent. Und sogar im fünften Bild, in dem er nicht auf der Szene ist, ist er gegenwärtig, denn er ist Gegenstand der Äußerungen der auftretenden Figuren (Lehrer, Jemand, Wirt). Bereits in den Kurzkommentaren zu den einzelnen Bildern sowie im Abschnitt über den Aufbau des Dramas ist darauf hingewiesen worden, dass das Drama Andris Entwicklung verfolgt, der – im Gegensatz zu den meisten anderen Figuren – dynamisch und nicht statisch angelegt ist. Seine Entwicklung ist von Interesse – und seine Entwicklung wird uns gezeigt.

Andris Entwicklung

In den ersten Bildern des Dramas begegnet uns Andri als ein eher durchschnittlicher junger Mann mit Alltagsinteressen: Wie seine Altersgenossen spielt er gerne Fußball, er hört offensichtlich gerne Musik, er ist interessiert daran, eine gute Ausbildung zu machen, lernt deshalb eifrig, ist einem jungen Mädchen, das er heiraten will, in Liebe zugetan. Alles in allem ist er ein junger Erwachsener mit ganz und gar gewöhnlichen und eher bescheidenen Zielen. Wenn ihn überhaupt etwas von den anderen unterscheidet, dann ist es ein hoch entwickeltes Sensorium dafür, die Äußerungen seiner Mitbürger nicht als bloße Anmache oder spontane Unmutsäußerung abzutun, sondern in ihrer Systematik zu erkennen und zum Gegenstand von Reflexionen zu machen. Bereits im 2. Bild setzt sich Andri mit verschiedenen ihm zugeschriebenen Verhaltensweisen und Charaktereigenschaften auseinander (es heißt, dass er geil und ohne Gemüt sei und keinen Humor habe). Er erkennt die Kraft des Vorurteils

Auseinandersetzung mit Vorurteilen

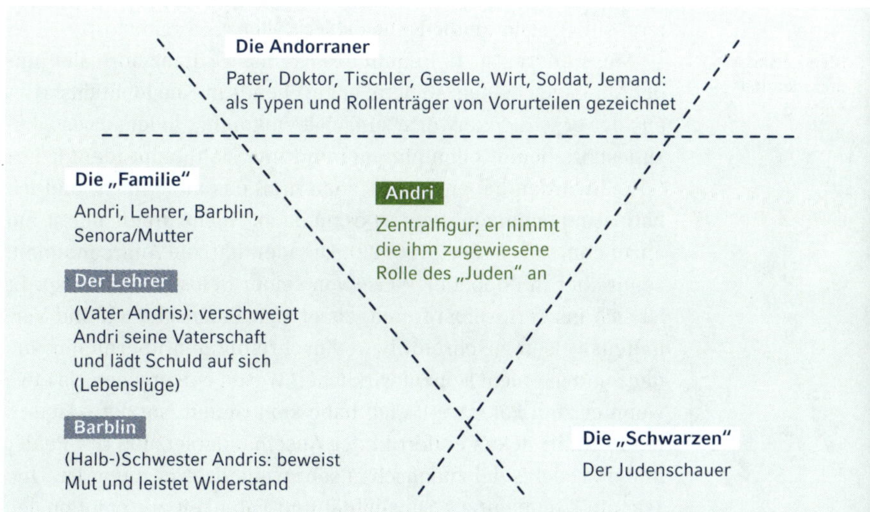

(siehe die Passage ab „Da ist kein Aberglaube …“, S. 27, Z. 27–34), ohne allerdings einschätzen zu können, warum er die Projektionsfläche von Stereotypen ist: „Ich weiß nicht, wieso ich anders bin als alle. Sag es mir. Wieso? Ich seh‘s nicht.“ (S. 27, Z. 17 f.) Das vorgebliche Anderssein muss nach Andris Vorstellung als äußerliches Merkmal erkennbar sein, weil er sich in Charaktereigenschaften, Wesenszügen und Verhaltensweisen zunächst einmal eben nicht von den Andorranern unterscheidet. Sein Denken und Handeln ist ganz auf die Integration in die Gesellschaft von Andorra ausgerichtet. Nicht er ist es, der sich gegen diesen Integrationsprozess sperrt, sondern die Andorraner sind es, die ihm die Integration verweigern und so Andris Identitätskrise überhaupt erst auslösen. Dass er sich zunehmend von den Andorranern distanziert, etwa nicht mehr zum Fußball geht, was ihm der Geselle Fedri heuchlerisch zum Vorwurf macht, ist nicht die Ursache für die ihm zugeschriebene Außenseiterposition, sondern die Folge dieser Rollenzuschreibung.

Identitätskrise und Identitätsfindung

Muss Andri also zu Beginn des Dramas als ganz normaler junger Mann erscheinen, so gerät er zusehends in eine Identitätskrise, aus der er paradoxerweise zunächst entkommt, indem er das ihm zugeschriebene Rollenbild annimmt und sich damit identifiziert („Hochwürden haben gesagt, man muß das annehmen, und ich hab ‘s angenommen. Jetzt ist es an euch, Hochwürden, euren Jud anzunehmen.“, S. 80, Z. 20–22). Die Identität, die Andri annimmt, zeugt aber in doppelter Weise von seiner Selbstentfremdung: Er ist sich insofern selbst fremd, als er sich Eigenschaften und Verhaltensweisen zuschreibt bzw. Zuschreibungen übernimmt, die ganz und gar nicht seinem wirklichen Wesen entsprechen, so etwa wenn er zum Pater sagt: „Ich habe kein Gemüt, sondern Angst.“ (ebd.) Andri dokumentiert in der Auseinandersetzung mit Peider und angesichts der Judenschau sehr wohl, dass er mutig ist. Und „Gemüt“, gemeint als Sensibilität und Fähigkeit zur emotionalen

Anteilnahme, hat er mehr als jeder andere Andorraner. Zugleich wird er sich selbst aber auch dadurch fremd, dass er sich zu einem Märtyrer des Judentums stilisiert, sich sozusagen als personalisierter „Ewiger Jude" sieht. Manfred Durzak urteilt über diese Seite der Andri-Figur recht kritisch, wenn er schreibt:

Selbststilisierung zum Märtyrer

> „Andri, der sich um seine Liebste betrogen fühlt und mit Gott und der Welt zerfallen ist, steigert sich (...) in die monumentale Rolle eines Märtyrers hinein, für den der Schicksalsweg des jüdischen Volkes zur Projektion seiner Verzweiflung wird. Die Unwahrheit der Figur liegt zumindest gegen Ende des Stücks darin, dass Andri seine Verzweiflung nicht als die seiner individuellen Situation erkennt, sondern sich zum stellvertretenden Leidtragenden des jüdischen Volkes stilisiert."[21]

Dass die Annahme der Rollenidentität mit einer Preisgabe von Authentizität verbunden ist, zeigt das 11. Bild, in dem Andri – fast zwanghaft – das Vorurteil, er sei ohne Gemüt und habe kein Gefühl, bestätigen zu wollen scheint. Hier verhält er sich zunächst unsensibel Barblin gegenüber, hat kein Wort des Trostes für sie, sondern zeigt nur Unverständnis für ihre Situation. Und er scheint dem Vorurteil der Geilheit entsprechen zu wollen. Rüde und rüpelhaft in Sprache und Verhalten begegnet Andri Barblin in dieser Szene – und doch wird dieses Auftreten auch als Ausdruck größter Enttäuschung und Verletztheit zu verstehen sein, letztlich jedoch überlagert von der Fürsorge für Barblin. Als die Soldaten kommen, schickt er Barblin fort, um ihnen alleine gegenüber zu treten und Barblin dadurch zu schützen – abermals ein Handlung, die Mut verlangt und seine Fürsorglichkeit offenbart.

Preisgabe von Authentizität

---

21 Durzak, S. 228.

Charakter und Sprache

Andris Charakter ist mehrdimensional angelegt: Wir sehen Andri fröhlich und traurig, mutig und verzweifelt, hoffnungsfroh und deprimiert, zurückhaltend und aggressiv, schwach und stark zugleich. Schon allein durch diese facettenreiche Anlage der Figur werden die auf sie projizierten Stereotype und Vorurteile widerlegt. Der Mehrschichtigkeit des Charakters von Andri entspricht seine variationsreiche Sprache: Andri beherrscht die Alltagssprache und den jugendlichen Jargon ebenso, wie er sich in nahezu lyrischen Tönen äußern kann („Ich habe gejauchzt, die Sonne schien grün in den Bäumen, ich habe meinen Namen in die Lüfte geworfen wie eine Mütze ...“, S. 80, Z. 35; S. 81, Z. 1–3). Und auch ein biblisch-pathetischer Sprachduktus steht Andri zur Verfügung (siehe neuntes Bild, S. 80 f.). Aber in diesen Passagen scheint nicht der zwanzigjährige Andri zu sprechen, sondern der Repräsentant des Judentums. So ist auch zu verstehen, dass Andri von sich sagt: „Ich bin alt.“ (S. 80, Z. 34) Er sieht seine Individualität aufgehoben in der Geschichte und dem Leid des jüdischen Volkes.[22]

Arno Wyzniewski als Andri in einer *Andorra*-Inszenierung der Volksbühne Berlin 1966 © Cinetext/ Harry Hirschfeld

22 S. zur Sprache Andris ausführlich Meurer, S. 47–57.

ENTWICKLUNG ANDRIS

Suche nach Identität	Andri: Ich weiß nicht, wieso ich anders bin als alle. (2. Bild, S. 27) Ich kann tun, was ich will, ihr dreht es immer gegen mich. (3. Bild, S. 33f.)
↓	
auf dem Weg zur allmählichen Annahme des zugeschriebenen Rollenbildes	Lehrer: Warum mußt du reich werden? Andri: Weil ich Jud bin! (6. Bild, S. 53)
↓	
Identitätskrise	Andri: Ich mag mich selbst nicht, wenn ich an mich denke (7. Bild, S. 57) Andri: Alle legen ihre Hände auf meine Schulter. // Ich bin nicht anders. Ich will nicht anders sein. // Ich will mich nicht beliebt machen. // Nebentext: Andri schluchzt, Zusammenbruch // Sie kann mich nicht lieben, niemand kann's, ich selbst kann mich nicht lieben. (7. Bild, S. 57 ff.)
↓	
Annahme der zugeschriebenen Identität	Hochwürden haben gesagt, man muß das annehmen, und ich hab's angenommen. Jetzt ist es an Euch, Hochwürden, Euren Jud anzunehmen (9. Bild, S. 80) Ich bin nicht der erste, der verloren ist (...) Ich weiß, wer meine Vorfahren sind. Tausende und Hunderttausende sind gestorben am Pfahl, ihr Schicksal ist mein Schicksal (10. Bild, S. 88)

↓

Am Ende des Entwicklungsprozesses identifiziert sich Andri mit der ihm zugewiesenen Rolle und stilisiert sich zum Märtyrer.

Barblin

Leidensprozess Barblins

Barblin gehören das erste und das letzte Wort im Stück. Beide Auftritte sind verbunden mit dem symbolischen Akt des Weißelns.

Doch zwischen dem ersten Bild, in dem das junge Mädchen, ganz der Tradition verhaftet und dem Brauchtum folgend, das Haus des Vaters anstreicht, und dem letzten Bild, in dem Barblin das Pflaster weißelt, liegt ein Leidensprozess der Figur, der mit einem Entwicklungsprozess einhergeht. Der Leidensprozess ist bestimmt durch die Vergewaltigung durch Peider, die Demütigung durch Andri, die Vergewaltigung durch die Soldaten der Schwarzen und den Verlust von Vater und Halbbruder. Am Ende dieses Prozesses steht der Wahnsinn. Mit diesem Wahnsinn aber ist Erkenntnis verbunden (Frisch greift hier auf antike Verständnismuster von Wahnsinn zurück). Barblin vermag, gleich einem antiken Seher, die Zeichen zu deuten; sie sieht nun nicht mehr nur die Oberfläche (die Tünche), sondern das darunter liegende Muster von Gewalt: „Blut, Blut, Blut überall." (S. 114, Z. 20)

Barblin ist als junges Mädchen gezeichnet, das für (junge) Männer ganz offensichtlich von gewissem Reiz ist und um diesen Reiz auch weiß. Andri gegenüber setzt sie diese Reize ein, um ihm auch körperlich nahe zu sein. Mit Andri sucht sie Stunden der Zärtlichkeit und Intimität zu erleben. Der Einbruch sexueller Gewalt in ihr Leben löst in ihr eine Krise aus, die dadurch verschärft wird, dass Andri ihr den Vorwurf macht, sich freiwillig Peider hingegeben zu haben; auf die Demütigung durch die Vergewaltigung folgt die Demütigung durch den Geliebten (und Halbbruder), der sich just in dem Moment von ihr emotional abwendet, als sie seine Zuwendung besonders nötig hat. Dass sie dennoch voller Fürsorge für Andri ist, zeigt ihr Versuch, Andri vor den Soldaten zu verstecken.

Gelegentlich ist in der begleitenden Fachliteratur die Frage diskutiert worden, ob Barblin von Peider vergewaltigt worden ist oder ihn (wenn auch vielleicht nur insgeheim) erwartet hat. Eisenbeis spricht in diesem Zusammenhang von einer „Leerstelle“ im Text, Kästler sieht sogar eine „Hingabe (Barblins) an den Soldaten Peider.“[23] Barblins Reaktionen (besonders im 11. Bild) lassen sich m. E. unschwer dahin gehend deuten, dass Barblin den Kontakt mit Peider nicht gesucht hat, sondern es sich hier um einen rohen Akt sexueller Gewalt handelt. Max Frisch kennzeichnet Peider zudem in den „Anmerkungen“ zu *Andorra* eindeutig als „Vergewaltiger“ (S. 122, Z. 26 f.). Hinzu kommt, dass sie von den Soldaten der „Schwarzen“ geschändet wird.

Barblins Mut

Barblins hervorstechender Charakterzug ist ihr Mut, der sie befähigt, vorhandene Ängste angesichts drohender Gefahren zu überwinden. Im ersten Bild fragt sie den Pater, ob es stimme, dass einer Judenbraut die Haare geschoren würden. Obwohl sie also von dieser Praxis gehört hat, wendet sie sich nicht von Andri ab, sondern will ihn heiraten. Eine Steigerung findet sich im elften und zwölften Bild. Wird im elften Bild ihre Angst vor den Soldaten der Schwarzen deutlich, so überwindet sie diese Angst und setzt ein Zeichen, indem sie dem Judenschauer das Tuch vor die Stiefel wirft und die Andorraner zum Widerstand auffordert (12. Bild). Kahl geschoren sehen wir sie im letzten Bild, aus der „Jungfrau“ Barblin (Pater/1. Bild) ist die „Judenhure“ Barblin (Peider/12. Bild) geworden.

Lehrer

Die Lebenslüge des Lehrers

Seit Andris Geburt lebt der Lehrer Can mit (s)einer Lebenslüge, die ein Resultat seines mangelnden Mutes ist, die Wahrheit zu sagen und seine Beziehung mit der Mutter Andris, einer „Schwarzen“, einzugestehen. Diese Lebenslüge hat ihn auch im Alltag

---

23 Eisenbeis, S. 35; Kästler, S. 61.

„klein" werden lassen; weil er in einer entscheidenden Situation keinen Mut gehabt hat, hat er nahezu jeglichen Mut verloren. So ist zu erklären, dass er der wucherischen Forderung des Tischlers nachgibt und, um das Geld für Andris Lehre auftreiben zu können, sein Land weit unter Preis verkauft. Aus der Diskrepanz zwischen diesem Mangel an Mut und der Radikalität der Phrasen, die er von sich gibt und die den Mangel an Mut sprachlich übertünchen, erwächst seine Selbstverachtung, die er im Alkohol ertränkt. Als er Andri endlich die Wahrheit sagen will, ist dieser schon nicht mehr willens, die Wahrheit zur Kenntnis zu nehmen.

Dass der Lehrer als einziger eine Waffe in die Hand nimmt, um gegen die Schwarzen zu kämpfen, zeigt, dass er sich immerhin einen Rest von Charakterstärke und Wahrhaftigkeit bewahrt hat. Bei der Judenschau unternimmt der Lehrer den hilflosen und zum Scheitern verurteilten Versuch, Andris Andorranertum und seine Unschuld am Tod der Senora zu beweisen. Beiden Handlungen haftet etwas Naiv-Komisches und Groteskes an; beide Aktionen folgen dem Muster des Versagens, das Cans Leben bestimmt hat, seit er die Wahrheit verraten hat. Sein späterer Selbstmord ist ein Schuldeingeständnis; zugleich aber ist dieser Selbstmord eine erneute Flucht vor der Wahrheit, die Andris Mutter ausspricht: „Du hast uns alle verraten, aber den Andri vor allem. Fluch nicht auf die Andorraner, du selbst bist einer." (S. 76, Z. 20–22) Während Barblin bei der Judenschau ein für alle sichtbares Zeichen setzt und zum Widerstand auffordert, findet die Handlung des Lehrers in nutzloser Abgeschiedenheit statt, dem öffentlichen Aufbegehren Barblins steht der Rückzug in den „privaten" Selbstmord gegenüber. Die letzten Worte des Lehrers an die Andorraner lauten: „Duckt euch. Geht heim. (...) Ekelt euch. Geht heim vor euren Spiegel und ekelt euch." (S. 113, Z. 14–16) Doch im Grunde sagt er diese Sätze auch zu sich. Der Ekel vor sich selbst lässt ihn zum Strick greifen.

Das Muster des Versagens

Selbstekel

Pater

Sonderrolle des Paters

Der Pater nimmt insofern eine Sonderrolle ein, als er als einziger in seiner Aussage ein Schuldanerkenntnis abgibt; er gesteht zu, schuldig geworden zu sein, weil auch er sich ein Bildnis von Andri gemacht hat. Im Gegensatz zu den anderen Andorranern tritt er nicht in Zivilkleidung an die Zeugenschranke, sondern er hat sein Priestergewand an und kniet. Zudem fehlt ein Hinweis bei seiner Aussage – im Gegensatz zum Nebentext bei den anderen Figuren –, der Hinweis auf die Zeugenschranke. Somit kann davon ausgegangen werden, dass es sich bei der Aussage des Priesters um ein Gebet, eine Zwiesprache mit Gott handelt, nicht aber, wie bei den anderen Andorranern, um eine im öffentlichen Raum vorgetragene Aussage. Dass der Pater überhaupt eine Schuld seinerseits sieht, hebt ihn sicherlich positiv von den anderen Figuren ab. Sein Schuldanerkenntnis ist jedoch durch eine verkürzte Perspektive gekennzeichnet, denn mit keinem Wort geht er darauf ein, dass er, wie es Andri vorausgesehen hat, der Judenschau ferngeblieben ist, wo er aber hätte für Andri Partei ergreifen und für ihn aussagen können. Sein Schweigen dazu wiederholt und verdoppelt sein Schweigen auf die Frage von Barblin: „Wo, Pater Benedikt, bist du gewesen, als sie unsern Bruder geholt haben wie Schlachtvieh, wie Schlachtvieh, wo?“ (S. 116, Z. 6–8, siehe die Regieanweisung im Nebentext) Der Pater ist somit die personalisierte Bestätigung für die These Peiders, die Kirche sei auch nur aus roter Erde gemacht und sei nicht so weiß, wie sie tue (siehe 1. Bild, S. 11). Da, wo es gegolten hat zu sprechen, hat der Pater geschwiegen. Und da, wo er gesprochen hat, in den beiden Gesprächen mit Andri, hat er versagt. Beide Gespräche (7. und 9. Bild) sind durch Asymmetrie und ein Scheitern der Kommunikation gekennzeichnet. Beide Gespräche führt der Pater nur auf Wunsch des Lehrers und seiner Frau, nicht aber, weil er die Nöte Andris erkennt und ihm beistehen will. Im ersten Gespräch, in dem Andri zunächst schweigt und sich verweigert, presst er den demoralisierten Jungen (Andri weint, schluchzt und bricht zusammen) mit professioneller Redestrategie, wohlgesetzten Versatzstücken aus dem Arsenal religiöser Rhetorik und unverbindlichen Allgemeinplätzen in das Bild vom Juden – der Rassismus kommt hier sozusagen philosemitisch daher. Im zweiten Gespräch, in dem der Pater seine Rolle und seine Person zunächst völlig überhöht („Ich bin gekommen, um dich zu erlösen.“, S. 78, Z. 34), hat er Andri und seiner Argumentation nichts entgegenzusetzen; nun ist es an ihm zu schweigen, nun ist er hilflos (siehe die Hinweise im Nebentext S. 80 f.). Auch der Pater bleibt, wie die anderen Andorraner, nach der Judenschau das, was er vorher war; er arrangiert sich mit den neuen Verhältnissen, wie er sich in den alten eingerichtet hat.

Doktor/Tischler/Geselle/Wirt/Jemand/Soldat

Doktor

Der **Doktor** gibt sich weltmännisch und der Heimat verbunden zugleich. Die Wörter „Welt“ und „Andorra“ sind Hauptbestandteile seines Vokabulars. Seine Weltläufigkeit offenbart sich aber als Ansammlung von Vorurteilen, denn was er Andri im vierten Bild mitzuteilen weiß, ist nicht mehr und nicht weniger als die Behauptung, die Juden hockten auf allen Lehrstühlen der Welt und hätten auch ihn an der Karriere gehindert. Seine fachliche Kompetenz darf angezweifelt werden, denn weder erklärt er Andri, was ein Virus ist, noch übersetzt er ihm die verwendete lateinische Allerweltsfloskel. Seine groteske Behandlungsmethode (er lässt Andri mehrfach „AAAAAAndorra“ sagen, raucht während der Untersuchung Zigarillos und wundert sich, dass Andri husten muss) spricht ebenfalls nicht für sein fachliches Können. Dass seine Inkompetenz der Grund für die nicht erfolgte Karriere in der Welt sein könne, kommt ihm nicht in den Sinn. Er betont zwar, dass ihm Titel nicht wichtig seien, bringt aber seine berufliche Stellung (Amtsarzt) und seine akademischen Titel (Doktor, Professor) immer wieder ins Spiel. Bei seiner Zeugenaussage sagt er in einem Atemzug, dass man sich damals wohl getäuscht habe in Andri, und stellt fest, dass Andri in seinem Verhalten „etwas Jüdisches" gehabt habe. Dies macht deutlich, dass sein Antisemitismus fester und anhaltender Bestandteil seiner Denk- und Wertvorstellungen ist und er eben nicht nur, wie er in der Aussage behauptet, einer „gewissen Aktualität erlegen" ist.

Der **Tischler** ist nicht nur auf seinen materiellen Vorteil bedacht (er verlangt eine große Summe für die Lehre und verschlechtert Andris Entlohnung für den Verkauf), sondern er hält mit seinem Rassismus überhaupt nicht hinter dem Berg, wenn er behauptet, Juden hätten das Tischlern nicht im Blut, seien aber für den Verkauf geboren. Dass er wider besseren Wissens behauptet, der schlechte (weil nicht verzapfte) Stuhl sei von Andri, zeigt, dass ein von rassistischen Vorurteilen geprägtes Weltbild gegen Vernunftargumente weitestgehend resistent ist, was aber im Falle des Tischlers nicht ausschließt, dass die Mystifizierung des Rassegedankens (die Fähigkeit zur Tischlerei wird an das Blut/die Herkunft gekoppelt) und das Bedachtsein auf materiellen Vorteil Hand in Hand gehen. Tischler

Der **Geselle** kann feige und opportunistisch genannt werden; er ist ein falscher Freund, der Andri nicht nur im Stich lässt, als der Meister die Stühle prüft und fragt, wer in der Werkstatt geraucht habe, sondern der ihn, mit den Soldaten als Verstärkung, tritt und zugleich – in seiner Aussage – heuchlerisch den Vorwurf erhebt, Andri habe sich zurückgezogen und sei nicht mehr zum Fußball gekommen. Geselle

Der **Wirt**, von dem auf Grund der Aussagen Andris und des Lehrers sowie seines Verhaltens während der Judenschau angenommen werden darf, dass er die Senora durch einen Steinwurf getötet hat, ist als charakterloser Geschäftemacher gezeichnet. Wirt

Den nationalistischen Phrasen des Arztes pflichtet er mit der gleichen Gewissenlosigkeit bei, mit der er die Senora tötet, nachdem er floskelhaft die Gastfreundschaft gepriesen hat, und mit der er Andri beschuldigt, der Mörder zu sein.

Jemand

Der **Jemand** ist Repräsentant einer Mehrheit, deren Meinung darin besteht, keine eigene Meinung zu haben bzw. keine eigene Meinung zu äußern, und die dafür steht, geschehenes Unrecht möglichst bald zu vergessen. Dass der Judenschauer zunächst den Jemand für einen Juden hält, kann nach zwei Richtungen hin verstanden werden: Einerseits macht es die Absurdität des gesamten Vorgangs klar (der „unfehlbare" Judenschauer bestimmt mit dem Jemand und mit Andri zweimal jemanden, der gar kein Jude ist). Andererseits macht es wiederum deutlich, dass die Willkür einer diktatorischen Macht jeden treffen kann und dass das Schweigen unter solchen Umständen keine Garantie dafür ist, mit heiler Haut davonzukommen. Im Jemand offenbart sich eine Haltung, deren Indifferenz dazu beiträgt, dass sich Vorurteile, Hass und rassistisches Gedankengut ausbreiten können.

Soldat

Der **Soldat** Peider steht für ein Maulheldentum ohne jegliche Überzeugung. Seine Ankündigungen, er werde Andorra verteidigen, erweisen sich als Phrasendrescherei. Gesinnungslos wie er ist, stellt er sich den neuen Machthabern zur Verfügung, zu denen er nicht schnell genug überlaufen kann. Seine Charakterschwäche versucht er durch sexistische Sprüche, Alkoholkonsum und Aggressivität gegenüber Schwächeren zu kompensieren; liebesfähig ist er nicht; roh und brutal fällt er über Barblin her.

Senora/Mutter

Die **Senora,** Andris leibliche Mutter, ist offensichtlich nicht nur eine attraktive und elegante Erscheinung (Andri nennt sie eine „phantastische Frau"), sondern von erfrischender Offenheit, Direktheit und Klugheit (siehe die Vordergrundszene nach dem achten Bild). Mutig und hilfsbereit springt sie Andri bei, als er verprügelt wird; und offen spricht sie das an, was der Lehrer seit zwanzig Jahren seinem Sohn gegenüber verschwiegen hat. Trotz dieser Charaktereigenschaften und Verhaltensweisen fehlt der Figur eine wirkliche Kontur, was nicht nur damit zusammenhängt, dass sie nur kurz auftaucht, sondern dass ihr hauptsächlich eine dramaturgische Funktion zukommt. Mit ihr kommt die Wahrheit über Andris Herkunft nach Andorra, mit ihr erhalten wir auch Einsicht in die Ursachen des Selbsthasses des Lehrers, mit ihrer Ankunft wird deutlich, dass Xenophobie (Fremdenfurcht) ein Teil des Alltagsbewusstseins der Andorraner ist. Und ihre Ermordung liefert den Vorwand für den Einmarsch der Schwarzen in Andorra. Und so ganz mag man ihr die Mutterliebe nicht abkaufen, wenn sie ihr Auftauchen in Andorra, immerhin zwanzig Jahre nach der Geburt Andris, damit erklärt, dass sie auf die Antwortbriefe des Lehrers gewartet habe („Ich schrieb ein zweites Mal, ein drittes Mal. Ich wartete auf Antwort. So verging die Zeit." S. 72, Z. 18 f.). Dass sie in Friedenszeiten den Kontakt zu ihrem Sohn nicht gesucht hat, aber zu einer Zeit nach Andorra kommt, in der das Land von den Invasionstruppen der Schwarzen bereits umstellt ist, deutet ebenfalls auf die dramaturgische Funktion der Figur hin.

Dramaturgische Funktion

Die **Mutter**, die Frau des Lehrers, so gering ihre Rolle, gemessen an den Sprechanteilen, auch ist, ist eine starke Persönlichkeit. Sie ergreift für Barblin und Andri Partei, sie hält dem Lehrer seinen Verrat vor, sie verteidigt bei der Judenschau mutig Andri, sie reagiert auf die Wahrheit, Andris Herkunft betreffend, nicht mit Larmoyanz oder verletzter Eitelkeit, sondern behandelt Andri weiterhin wie ein eigenes Kind. Dennoch vermag sie es offensichtlich nicht, mit Andri das direkte Gespräch zu suchen. Auch wird nicht deutlich, ob sie sich dagegen wehrt, Andri in ein Bildnis zu pressen, zumal der Pater ausdrücklich betont, dass er in ihrem Auftrag mit Andri sprechen will (7. Bild). Weder sehen wir sie vor der Zeugenschranke, noch ist sie im Schlussbild an der Seite ihrer Tochter. So bleibt offen, ob und wie sie weiterhin unter den Andorranern lebt.

Der Judenschauer

Der personalisierte Kern der Gewalt der „Schwarzen", der Judenschauer, tritt in Zivil auf. Seine Macht bedarf nicht der Sprache, sie konstituiert sich vielmehr durch das Schweigen, das Widerspruch nicht zulässt. Außer durch seine Zivilkleidung und das Schweigen, das er mit den Soldaten der Schwarzen teilt, wird er durch die Geste des Zwicker-Putzens und den Hinweis im Nebentext konturiert, er benehme sich wie ein „schlichter Beamter" (S. 106, Z. 7). Frisch bringt mit dem Judenschauer einen Bürokraten der Macht auf die Bühne, einen verbeamteten Mörder, der sein Geschäft emotionslos betreibt. Er erklärt sich aus sich selber bzw. aus der Sache, die er tut. „Sein Wesen ist seine Funktion; er ist konkret nicht mehr zu fassen."[24] Sein Kern besteht darin, dass er wesenlos zu sein scheint, eine Art Maschine, die unaufgeregt und zugleich „beamtenhaft – unbeteiligt – gewissenhaft" (S. 110, Z. 7 f.) funktioniert und gerade dadurch ihre eigene Mystifikation erschafft: „Der irrt sich nicht." (S. 100, Z. 22) In seinen Entscheidungen irrt er sich natürlich doch, was aber für die Durchführung seiner Anordnungen keine Rolle spielt und zugleich die Grundlage seines Handelns, nämlich seine Rassentheorie, ad absurdum führt.

---

24 Bekes, S. 22.

Das Selbstbild und das Fremdbild der Andorraner

Nicht nur in der Beziehung zwischen Individuen spielen Vorurteile oder Bildnisse eine Rolle, sondern auch in der Beziehung zwischen Gruppen (Völkern, Staaten und Nationen). Den Angehörigen der eigenen Gruppe (Nation, Volk) und einer anderen Gruppe schreiben wir bestimmte Eigenschaften zu. Das Vorstellungsbild, das wir so entwickeln, nennt man Stereotyp; bezogen auf die eigene Gruppe entsteht ein Autostereotyp (Selbstbild), bezogen auf eine andere Gruppe ein Heterostereotyp, ein Fremdbild. Dieses Muster der Erschaffung eines Selbst- und eines Fremdbildes zeigt sich auch in den Äußerungen der Andorraner über sich selbst und andere. Dabei ordnen die Andorraner sich ausschließlich positive Eigenschaften zu, Andri – als vermeintlichen Vertreter des Judentums – werden negative Eigenschaften zugewiesen. Der Pater kennzeichnet Andorra als ein frommes und gottesfürchtiges Land, das sich empört hat über die Gräueltaten der Schwarzen und für Flüchtlinge Kleider gesammelt hat (S. 12). Peider behauptet, Andorraner hätten keine Angst (S. 22). Der Arzt schreibt seinem Volk zu, nicht zu kuschen, wenn er sagt, Andorraner machten keine Bücklinge, Titel zählten nicht, und jeder gelte, was er sei. Andorra, so der Arzt, sei demokratisch und frei (S. 38 f.). Andri, dem vermeintlichen Repräsentanten des Judentums, werden Eigenschaften zugesprochen, die den Andorranern als typisch für diese Gruppe gelten: Feigheit nennt der Soldat, Überempfindlichkeit kennzeichnet der Pater als jüdische Eigenschaft, Geldgier und Wucherei schreiben der Wirt und der Tischler den Juden zu; der Arzt konstatiert einen übersteigerten Ehrgeiz, und der Geselle sieht mangelnde Geselligkeit als typisches Merkmal des „Juden" Andri. Stellt man dieses Selbstbild dem Fremdbild gegenüber und gleicht beide mit dem tatsächlichen Verhalten der Andorraner ab, so ergibt sich, dass sie eigene negative Eigenschaften und Verhaltensweisen auf Andri projizieren.

Autostereotyp und Heterostereotyp

Selbstbild und Fremdbild

AUTOSTEREOTYP DER ANDORRANER (SELBSTBILD)	VERHALTEN DER ANDORRANER
fromm, gottesfürchtig	verhalten sich unchristlich gegenüber Andri, Pater versagt
demokratisch, frei	fügen sich ohne Widerstand den Anweisungen der Schwarzen
furchtlos	sind voller Furcht
mutig	erweisen sich als feige
kuschen nicht	passen sich an

HETEROSTEREOTYP (FREMDBILD/VORWURF GEGENÜBER ANDRI)	VERHALTEN DER ANDORRANER
Geilheit	Peider vergewaltigt Barblin
Feigheit	leisten keinen Widerstand, Peider läuft über
Geldgier	überhöhtes Lehrgeld (Tischler)
Wucher	Kauf des Landes unter Wert (Wirt)
Ehrgeiz	Betonung der Stellung/Hervorhebung von Titeln (Arzt)
Ungeselligkeit	stoßen Andri aus

Andri als Sündenbock der Andorraner

Die Andorraner übertragen ihre eigenen negativen Verhaltensweisen und Eigenschaften auf Andri, der für sie die Funktion des Sündenbocks einnimmt (Entlastungsfunktion des Vorurteils). Diese Sündenbockfunktion Andris wird gestisch dadurch symbolisiert, dass der Pater Andri mehrfach die Hände auflegt, was daran erinnert, dass in den religiösen Ritualen, wie sie im Alten Testament (3. Buch Mose) geschildert werden, der Priester dem als Opfertier ausgesuchten Bock seine Hände auf das Haupt legte und so die Sünden des Volkes Israel symbolisch auf das Tier übertrug.

Vorurteile

Als Vor-Urteile, also Meinungen und Ansichten, die nicht hinreichend geprüft, starr und rationalen Argumenten nicht zugänglich und letztlich im vor-kognitiven Bereich angesiedelt sind, werden die Auffassungen der Andorraner im Drama dadurch aufgezeigt, dass die Figuren, die einen bestimmten Vorwurf gegenüber Andri erheben, sich selber genau dem Vorwurf entsprechend verhalten, wogegen Andri dem Bild (weitestgehend) nicht entspricht. Peider etwa schreibt den Andorranern Mut und Andri Feigheit zu; er selbst läuft aber zu den Schwarzen über und macht sich zu deren willfährigem Helfer. Andri erweist sich demgegenüber als mutig: Er tritt als Einzelner Peider und seinen Kumpanen gegenüber, er schickt Barblin weg, als die Soldaten kommen, um Barblin nicht zu gefährden. Zum rassistischen bzw. antisemitischen Vorurteil werden die Stereotype dadurch, dass die Andorraner Andri nicht als Individuum sehen, sondern als Repräsentanten eines Volkes (einer Rasse), dem (der) bestimmte Eigenschaften und Verhaltensweisen zugeschrieben werden. In der biologistischen Ausprägung ist dieser Rassismus am deutlichsten beim Tischler ausgebildet, der behauptet, Andri habe als Jude das Tischlern nicht im Blut, dafür aber das Verkaufen (siehe S. 31 f.).

Funktion von Auto- und Heterostereotypen

Die Funktion des Zusammenspiels von Autostereotyp (positive Eigenschaften, die der eigenen Gruppe zugeschrieben werden) und Heterostereotyp (negative Eigenschaften, die der anderen Gruppe zugeschrieben werden) besteht darin, die eigene Gruppe (*ingroup*) durch Abgrenzung von der anderen Gruppe (*outgroup*) überhaupt erst als Gruppe zu konstituieren, also das „wir" durch eine Abgrenzung vom „sie" zu erschaffen. Diesen Mechanismus sehen wir im Stück *Andorra* in der Abgrenzung der Andorraner von den Schwarzen gespiegelt. Die Andorraner halten sich für etwas Besseres, sie meinen anders zu ein als die Schwarzen, sie glauben, in der „ganzen Welt (…) beliebt" zu sein, weil Andorra, so der Arzt,

ingroup und *outgroup*

ein „Hort des Friedens und der Freiheit und der Menschenrechte" sei (S. 64). Das Stück zeigt aber, dass es zwischen den Schwarzen und den Andorranern keinen wesentlichen Unterschied gibt. Der Antisemitismus wird nicht mit den Panzern der Schwarzen nach Andorra getragen, sondern ist dort längst ein Teil des Alltagsbewusstseins. Und so kritisieren die Andorraner auch nicht den rassistischen Kern der Judenschau oder den Rassismus überhaupt, sondern nur die Auswüchse (nämlich die Verstümmelung Andris durch das Abhacken des Fingers). Durch die schwarzen Tücher, die die Andorraner sich bei der Judenschau über den Kopf ziehen (müssen), werden sie nicht nur gesichtslos (das Individuum verschwindet und wird Teil eines anonymen Kollektivs), sondern sie werden (symbolisch) zu Schwarzen. Auch das verdeutlicht, dass die Andorraner nicht wirklich anders sind, ganz so, wie es die Senora dem Lehrer bereits gesagt hat: „Vielleicht wolltest du zeigen, daß ihr so ganz anders seid als wir. (…) Aber sie sind hier nicht anders, du siehst es, nicht viel." (S. 72)

Die Andorraner und die Schwarzen

3.5 Sprachliche und sachliche Erläuterungen

Da die eingesetzte Textausgabe ausführliche Wort- und Sacherklärungen enthält, wird, um Verdoppelungen zu vermeiden, auf eigene Angaben verzichtet. Sollte eine andere Ausgabe zum Einsatz kommen, so sei verwiesen auf die Wort- und Sacherklärungen in Bänzinger, S. 5–21.

3.6 Stil und Sprache

ZUSAMMEN-FASSUNG

→ Andris Sprache weist die größte Spannweite auf.
→ Die Sprache der Andorraner ist überwiegend durch Floskeln und Phrasen gekennzeichnet.

Sprache als Ausdruck eines Bewusstseinszustandes

Im Zusammenhang mit der Figurenkonstellation und den Charakteristika ist bereits darauf hingewiesen worden, dass Andri eine Entwicklung zugestanden wird, dass er als dynamische Figur angelegt ist und – der differenzierten Charakterzeichnung entsprechend – seine Sprache die größte Spannweite aufzuweisen hat. Das Kollektiv der Andorraner ist durch eine Provinzialität und Enge des Denkens und Handelns gekennzeichnet, durch überindividuelle Bewusstseinsinhalte, wie sie etwa in den Zeugenaussagen zum Ausdruck kommen, die alle (Ausnahme: der Pater) die gleichen Entschuldigungsfloskeln enthalten. Mit Ausnahme der Sprache des Arztes und des Paters ist die Sprache der Andorraner (syntaktisch) eher einfach und konventionell mit Hang zum Floskelhaften. Das Verschwinden des Individuums hinter dem Kollektiv – so wie der Wirt bei der Judenschau in der Gruppe der Vermummten untertaucht und sich darin als Individuum auflöst – findet seinen sprachlichen Ausdruck in der Vorliebe der Andorraner für den Gebrauch des Personalpronomens „wir" an Stellen, an denen die Singular-Form „ich" durchaus angemessen wäre. So sagt der Geselle in der Zeugenaussage: „Als wir ihn nochmals fragten wegen Fußball, da war er sich schon zu gut für uns." (S. 36, Z. 11 f.) Dieser Sprachgebrauch hat seine Entsprechung in der Anrede Andris, wenn er als Individuum dadurch hinter dem Kollektiv verschwindet, dass aus dem persönlichen „du" eine distanzierendes und distanziertes „ihr" wird. Der Pater zu Andri: „(…) aber eine Unart, das muß ich leider schon sagen, habt ihr

Kollektive Sprachmuster

alle: Was immer euch widerfährt in diesem Leben, alles und jedes bezieht ihr nur darauf, daß ihr Jud seid.“ (S. 59, Z. 17–20).

Sprachebenen Andris

Andris Sprache weist zwei unterschiedliche Ebenen auf. Einerseits spricht er in den Gesprächen mit dem Tischler, dem Soldaten usw. die andorranische Alltagssprache; immer dann jedoch, wenn er innerste Gefühle zum Ausdruck bringen will oder sich in extremen Spannungssituationen befindet, wird seine Sprache bildhaft und weist Elemente des Lyrischen, des Gestisch-Rhythmischen und der Sprache des Alten Testaments auf (vgl. z. B. die eher lyrische Passage auf S. 18, Z. 31 ff. und die Passage im 9. Bild, S. 80 f.). Sprache und Sprachgebrauch dienen hier nicht nur dazu, Andris Situation zu verdeutlichen und ihn zu charakterisieren, sondern ihn als Individuum dem Kollektiv sprachlich gegenüberzustellen.[25]

SPRACHLICHES MITTEL/STIL	ERKLÄRUNG	TEXTBELEG
Akkumulation	Häufung (z. B. eines Wortes)	Vgl. S. 39, Z. 29 ff.
Anapher	Wort oder Wortgruppe zu Beginn zweier aufeinanderfolgender Sätze	Vgl. z. B. S. 38, Z. 18 f.
Emphase	nachdrückliche Betonung, z. B. durch Umstellung	Vgl. S. 29,Z. 9 f
Floskel	Leerformel	Vgl. S. 21, Z. 23–26
Jargon	umgangssprachlicher Ausdruck	Vgl. S. 22, Z. 5 ff.
Klimax	Steigerung	Vgl. S. 12, Z. 25–27
Metapher	Bildform	Vgl. S. 47, Z. 8 ff.
Parallelismus	Zwei aufeinanderfolgende Sätze sind syntaktisch identisch.	Vgl. z. B. S. 50, Z. 5 f.
Stichomythie	schnelle Wechselrede; Ins-Wort-Fallen	Vgl. z. B. S. 51, Z. 20 ff.

25 Vgl. die ausführliche Analyse von Stil und Sprache in Meurer, S. 23–57.

3.7 Interpretationsansätze[26]

zentrales Thema ist die Bildnisthematik im Kontext von Antisemitismus und Holocaust

↓ Andri wird auf der Suche nach Identität angezeigt

↓ das Drama behandelt das Motiv der Angst

↓ Frisch grenzt sich von Brecht ab, greift aber auch Elemente seiner Theatertheorie auf

Die Bildnis-Thematik im Kontext von Antisemitismus und Holocaust

Bildnis-Thematik und Vorurteile

In Frischs Drama überschneiden sich eine „private" und eine „öffentliche" Thematik, die Suche Andris nach Identität und Andris Konfrontation mit gesellschaftlichen Vorurteilen (Stereotypen), die ihn in ein Bildnis drängen. Diese **Bildnis-Thematik** kann sicherlich als der zentrale thematische Aspekt des Dramas genommen werden, der zugleich ein zentrales Thema des Gesamtwerkes von Frisch ist. Der Wirkungsmechanismus von Vorurteilen, ihre Bedeutung für die Herausbildung einer *ingroup* durch Abgrenzung von einer *outgroup* (vgl. Abschnitt 3.4), die Zuschreibung negativer Eigenschaften und Merkmale durch Projektion auf einen Sündenbock können im Stück *Andorra* exemplarisch aufgezeigt werden. Bleibt man allerdings bei dieser Betrachtungsweise stehen, ergeben sich zwei Ansatzpunkte zur Kritik. Der erste besteht darin, dass *Andorra* nur literarisch transportiert, was wir aus den Gesellschaftswissenschaften (Soziologie, Psychologie) längst wissen und was dort dutzendfach beschrieben und nachgewiesen worden

Ansatzpunkte zur Kritik

26 Der folgende Abschnitt erhebt nicht den Anspruch, das Stück zusammenfassend zu interpretieren. Vielmehr sollen nur einige Aspekte zur Deutung kurz angeschnitten werden.

ist. Der zweite Ansatzpunkt besteht darin, ob das Stück, indem es den Wirkungsmechanismus von Stereotypen im Kontext des **Antisemitismus** modellhaft aufzeigen will, die historische Dimension des **Holocaust** nicht unzulässig verkürzt (auf ein austauschbares Muster reduziert). Die Kritik in diese Richtung ist bereits nach der Uraufführung von dem österreichischen Theaterkritiker Friedrich Torberg formuliert worden, der in seiner Rezension u. a. schrieb:

> „Liegt's an der Oberfläche oder liegt es tiefer, daß alles, was an diesem Stück nicht stimmt, sich auf den Nenner Austauschbarkeit bringen ließe? Angefangen von ‚Andorra' bis zum zentralen Punkt und Problem, bis zum vermeintlichen Juden Andri, den Frisch ja gar nicht als Juden, sondern – ebenso wie Andorra – als ‚Modell' verstanden wissen will? ‚Heute oder morgen', so wird uns im Programmheft von autoritativer Seite versichert, ‚kann der Jud Kommunist heißen, oder Kapitalist, oder Gelber, Weißer, Schwarzer, je nachdem."[27]

Der Vorwurf, der hier erhoben wird, ist der, dass die historische Einmaligkeit des Holocaust als beliebig austauschbar gegen andere Prozesse der Bildung von Stereotypen angesehen wird, so wie ja auch Gelbe, Weiße und Schwarze, Kapitalisten und Kommunisten als beliebig austauschbare potenzielle Opfer von Vorurteilsbildung dargestellt werden.

Zurückweisung der Kritik

Gegen diesen Vorwurf hat als einer der ersten Helmut Krapp im Programmheft zur Frankfurter Aufführung (1962) Stellung genommen. Er schreibt u. a.:

---

27 Friedrich Torberg: *Ein fruchtbares Mißverständnis.* In: Das Forum 7/1961, H. 96, S. 455 f., zitiert nach: Bänzinger, S. 51. Siehe auch Kap. 5 dieser Erläuterung: Materialienteil.

> „Zwar kann man sich an Stelle Andris, des Juden, einen Neger denken, einen Kommunisten, jeden, den eine herrschende Gesellschaft zum Opfer ihres Vorurteils bestimmt – der Jude bleibt das gültigste Beispiel, weil der Antisemitismus ein geradezu archaisches Vorurteil mit katastrophalen Folgen ist, wirklichkeitsträchtig und besudelt wie kein zweites. Hyperbolisch ausgedrückt: Jedes Vorurteil, mit dem wir unserem Nächsten verwehren, er selbst zu sein, ist nur eine verdeckte Form des Antisemitismus. Es ist schon der Anfang des Pogroms, in dem er – kommt es so weit – gelyncht werden wird.“[28]

Nun ist es allerdings so, dass die Mehrheit des Publikums im Deutschland der 1960er Jahre sehr wohl als historischen Kontext des Stücks den Nationalsozialismus gesehen hat und zugleich erkannt hat, dass das Stück auch den Umgang mit dieser Epoche der deutschen Geschichte, nämlich das Verdrängen und Vergessen der eigenen Mitverantwortung bzw. Mitschuld, in dramatisierter Form aufzeigte (v. a. durch die Aussagen vor der Zeugenschranke). Manfred Durzak schreibt in diesem Zusammenhang:

> „Man fasste das Stück als einen auf der Bühne stellvertretend in Bewegung gesetzten Prozess auf, der das deutsche Publikum und seine politische Vergangenheit vor die Schranken eines imaginären Gerichts zitierte und mit dem Urteil über den Andorraner zugleich ein Urteil über dieses Publikum sprach.“[29]

---

28 Zitiert nach: Wendt/Schmitz, S. 100.
29 Durzak, S. 219 f.

Andris Identitätssuche

Identitätssuche und Ich-Findung

Im Zusammenhang mit der Bildnis-Thematik und dem Antisemitismus als Bezugspunkt steht als zweiter thematischer Hauptaspekt die **Suche nach Identität**, exemplarisch aufgezeigt am Schicksal Andris. Auch hier kann man bei der Interpretation, so wie es in der begleitenden Literatur seit der Uraufführung der Fall ist, durchaus Ansatzpunkte zur Kritik finden. So mag man es durchaus als einen konzeptionellen Bruch empfinden, dass der zwanzigjährige Andri sich nicht nur in die ihm zugewiesene Rolle des Außenseiters einfügt, sondern sich mit dieser Rolle nahezu überidentifiziert, indem er sich zum Märtyrer des gesamten jüdischen Volkes stilisiert. Signalisiert wird diese Über-Identifikation unter anderem durch den veränderten Sprachgebrauch, den man für einen Zwanzigjährigen als wenig authentisch empfinden muss. Um diesen Prozess der Identifikation in Gang zu setzen und zu steigern sowie zugleich mit dem „öffentlichen" Handlungsstrang (Bedrohung Andorras durch die Schwarzen) zu verknüpfen, bedarf es des Auftauchens der leiblichen Mutter Andris. Auf diesen dramaturgischen Notbehelf abhebend, schreibt Siegfried Melchinger:

Bruch in der Dramaturgie

> „Hier hat das Modell einen Bruch, der uns betrifft. Frisch hat ihn durch die mühsam eingebauten Szenen der Senora (der Mutter Andris, die plötzlich auftaucht, und, weil sie eine ‚Schwarze' ist, von den Andorranern erschlagen wird) nur schlecht verdeckt. Diese Gestalt ist unglaubwürdig: sie legt eine Mütterlichkeit an den Tag, die sie zwanzig Jahre vergessen hatte."[30]

---

30 Zitiert nach: Bänzinger, S. 47.

Die Bedeutung des Motivs der Angst

Angst als Thema

Neben der Bildnis- und der Identitätsthematik soll auf einen dritten Aspekt hingewiesen werden, der das Stück wie ein Grundthema durchzieht, nämlich die **Auseinandersetzung mit der Angst** Bereits im 1. Bild klingt das Thema an, wenn Barblin ihre Fragen an den Pater richtet und – ihre Angst überwindend – gleichwohl Andri heiraten will. Der Lehrer und die leibliche Mutter Andris verleugnen ihr Kind aus Angst vor der Reaktion ihrer jeweiligen Landsleute. Andri überwindet seine Angst, fordert Peider heraus und stellt sich zugleich alleine den Soldaten der Schwarzen (er schickt Barblin weg). Barblins Auftreten bei der Judenschau ist eine einzige Manifestation der Überwindung von Angst, wogegen die Andorraner von Angst beherrscht sind. Sie ziehen sich Tücher über den Kopf, die nach „Angstschweiß" (S. 99, Z. 15) riechen, und reagieren mit „Angstgelächter" (S. 106, Z. 19). Pater Benedikt bleibt aus Angst der Judenschau fern. Max Frischs Stück *Andorra* mag deshalb auch Anlass sein, darüber nachzudenken, welche Rolle Angst bei der Herausbildung von Vorurteilen und beim Einpassen in gesellschaftliche Rollenzwänge spielt.[31]

Frisch und das Theater Bertolt Brechts

Frisch und Brecht

Anlage und Bauweise des Dramas sowie die Behandlung der Themen sind auch im Kontext der Auseinandersetzung Frischs mit dem Theater Brechts zu sehen, dessen Ideologie (Weltanschauung) Frisch zwar nicht teilt, von dem er aber durchaus Elemente für sein Theater übernimmt. Das Schauspielhaus Zürich ist in diesem Zusammenhang nicht zufällig der Ort der Uraufführung von *Andorra*, ist es doch nicht nur das Haus der Uraufführungen der meisten Theaterstücke Frischs und seines Landsmannes Fried-

---

31 Vgl. A, S. 157 f.

rich Dürrenmatt, sondern auch Aufführungsort von vier Theaterstücken Bertolt Brechts während der Exilzeit gewesen. 1941 hatte in Zürich *Mutter Courage und ihre Kinder* Premiere, 1943 Brechts Parabelstück *Der gute Mensch von Sezuan* sowie sein Drama *Leben des Galilei*. 1948 erlebte, unter Beteiligung von Brecht selbst, sein Stück *Herr Puntila und sein Knecht Matti* seine Uraufführung in Zürich. Aus dieser Zeit (1947/48) resultiert auch die Bekanntschaft zwischen Frisch und Brecht, der, aus dem amerikanischen Exil kommend, in der Schweiz Zwischenstation machte, bevor er endgültig nach Deutschland (in den östlichen Teil allerdings) zurückkehrte.

Regelmäßig trafen sich die beiden Autoren. 1948 stellte Brecht Max Frisch das Manuskript seiner Schrift *Kleines Organon für das Theater* zur Verfügung, und es kam zu einer intensiven theatertheoretischen Debatte zwischen Bertolt Brecht und Max Frisch, der wiederum – in Abgrenzung von Brechts epischem (dialektischem) Theater und zum Theater Thornton Wilders – seine Überlegungen zum *Theater ohne Illusion* entwickelte. Max Frisch sah in Brecht nicht nur das zur damaligen Zeit „größte Talent in deutscher Sprache“[32], sondern fühlte sich Brecht auch im Gespräch oft unterlegen: „Unser Gespräch wird fruchtbar immer dann, wenn ich ihm die Reflexion überlasse, meinerseits nur das Konkrete liefere, (…) meinerseits habe ich dort, wo Brecht mich mit seiner Dialektik matt setzt, am wenigsten von unserem Gespräch; man ist geschlagen aber nicht überzeugt (…).“[33] Dies hinderte Frisch jedoch nicht daran, Elemente des Theaters Bertolt Brechts für seine eigene Arbeit fruchtbar zu machen. So hat Max Frisch einmal zu *Andorra* gesagt, das Stücks sei „kein Versuch, über Brecht hinauszugehen,

---

32 Bircher, S. 151.
33 Zitiert nach: Bircher, S. 152 f.

hingegen ein Versuch mit dem Epischen Theater, ohne die ideologische Position von Brecht zu übernehmen; das Modell als Mittel, eine Thematik durch Entaktualisierung freizulegen."[34]

Brechts Theatertheorie

Brecht hat (u. a. im *Kleinen Organon)* seine Theorie vom Theater im „wissenschaftlichen Zeitalter" entwickelt und geht der Frage nach, was an die Stelle der Katharsis, des zentralen Begriffs der „aristotelischen Poetik", treten kann. Er führt für das nicht-aristotelische Theater (das epische bzw. dialektische Theater) den Begriff der Verfremdung ein. Die Bestandteile seines Theaters (Text, Songs, Lyrismen, Bühne etc.) sollen dabei nicht zu einem „Gesamtkunstwerk" verschmelzen, sondern sich gegenseitig brechen, „fremd machen" – also Widersprüche bilden und zeigen (Prinzip der „harten Fügung"). Dies soll dem Zuschauer die Möglichkeit verschaffen, das Gezeigte distanziert zu betrachten und auf Möglichkeiten der Veränderung hin zu untersuchen, um „Einfühlung" zu verhindern. Grundlage seiner Überlegungen ist dabei die vom Marxismus geprägte Anschauung, die Bewegungsgesetze der Gesellschaft könnten auf dem Theater dargestellt und die Welt könnte somit auch als veränderbar gezeigt werden.

Frisch lehnt die Grundlage des Brechtschen Theaters ab, also seine marxistische Weltanschauung (ideologische Position). Aus dieser Weltanschauung speist sich bei Brecht einerseits die Auffassung, die Objektivität (die Welt) erfassen zu können (Beschreibung der gesellschaftlichen Verhältnisse als Klassenverhältnisse und Fortschreiten der Gesellschaft durch den Kampf der Klassen zum Sozialismus/Kommunismus). Andererseits leitet sich daraus auch der Geschichtsoptimismus Brechts ab (die Gesellschaft entwickelt sich – historisch gesehen – fort). Weiter ergibt sich bei Brecht daraus der Ansatz, den Einzelnen immer im Kontext seiner sozialen

---

34 Zitiert nach: Wendt/Schmitz, S. 19.

Verhältnisse zu sehen, sozusagen als Repräsentanten überindividueller (kollektiver) gesellschaftlicher Bedingungen. Frisch geht dem gegenüber nicht davon aus, dass die Welt als ein Abbild beschreibbar ist, sondern dass das Theater den Menschen in seinem Verhältnis zur Welt beschreiben könne, ohne dass diese Beschreibung den Anspruch erheben kann (wie bei Brecht), das Gezeigte bilde die Welt wirklich ab; nach Frisch bildet das Theater Brechts lediglich seine, also Brechts, These (Auffassung) von der Welt ab. Frisch hat 1964 seine Überlegungen einmal in die Worte gefasst: „Unser Spiel, verstanden als Antwort auf die Unabbildbarkeit der Welt, verändert diese Welt noch nicht, aber unser Verhältnis zu ihr." (zitiert nach: A, S. 153) Daraus lässt sich ableiten, dass Brecht die Welt ins Auge fasst, Frisch aber den Einzelnen, seine Haltung zur Welt, seine (moralische) Verantwortung ihr gegenüber. Auf der Ebene der Darstellungsform, also der Theaterelemente, steht Frisch den Elementen Brechts näher: *Andorra* kann als Parabel gesehen werden, also als eine Form, der sich auch Brecht gerne bediente (*Der gute Mensch von Sezuan, Der kaukasische Kreidekreis*). Das Drama *Andorra* ist als eine Folge von Bildern gestaltet: Wie Brecht bedient sich Frisch eines Elements der „offenen Form" des Dramas. Die Bühne in *Andorra* hat einen anti-illusionistischen Grundzug; Haupthandlungsort ist der Platz von Andorra, in den andere Schauplätze, etwa die Kneipe, offen integriert sind (siehe etwa das 1. Bild). Durch die Szenen im Vordergrund (Zeugenschranke) wird die Spielhandlung unterbrochen und das Vergangene einerseits von einem Jetzt-Standpunkt aus kommentiert, andererseits aber der Ausgang der Spielhandlung bereits vorweggenommen. Damit wird das Interesse vom Ausgang der Handlung auf den Gang der Handlung gelegt (vom WAS auf das WIE/WARUM). Schon in der 1. Zeugenaussage des Wirts werden wesentliche Elemente der Handlung genannt. Allerdings bleibt festzuhalten: Die Aussagen

Abbildung der Welt

„Antwort auf die Unabbildbarkeit der Welt"

Elemente des Brechtschen Theaters in Frischs Drama

der Zeugen (eine Ausnahme bildet der Pater) kommentieren das Verhalten der Person nicht kritisch (das wäre bei Brecht zu erwarten, so dass ein Gegensatz zwischen Handlung und Kommentar entsteht), sondern haben reinen Rechtfertigungscharakter. Eine Möglichkeit der Veränderung wird nicht gezeigt, wie Frisch auch nicht zeigt, wie Vorurteile überhaupt entstehen, sondern (lediglich) zeigt, wie sie ihre Wirkungsmacht entfalten.

Sowohl von der Form (Parabel) als auch von verschiedenen Elementen der Darstellung her ergeben sich also Bezüge zum epischen Theater Brechts (Folge von Bildern, antiillusionistische Bühne, Durchbrechung der Handlung durch Kommentare der Figuren). Frisch zeigt allerdings, anders als Brecht, keine Lösungsmöglichkeiten auf gesellschaftlicher Ebene auf. Sein „Modell" gibt keine Erklärung für das Entstehen von Vorurteilen (hier: Antisemitismus) und auch keine Erklärung für den Holocaust (auch wenn man deutliche Bezüge dazu feststellen kann). Ein „Weltanschauungsmodell" (eine, wie oben formuliert, „ideologische Position"), das eine Lösung aufzeigt, vermittelt *Andorra* also nicht.

4. REZEPTIONSGESCHICHTE[35]

Theatererfolg

Andorra ist Max Frischs erfolgreichstes Theaterstück; kein anderes seiner Bühnenwerke hat so viele Aufführungen erlebt. Allein in der Spielzeit 1962/63 kam es zu 934 Vorstellungen auf deutschsprachigen Bühnen (lediglich Friedrich Dürrenmatts *Die Physiker* verzeichnete in diesem Jahr mehr Aufführungen). Auf die Premiere in Zürich (2., 3. und 4. 11. 1961) folgte alsbald die deutsche Premiere, die – ein außergewöhnliches Ereignis – an drei Orten zugleich stattfand, nämlich in Düsseldorf, Frankfurt am Main und München (20. 1. 1962). Nur wenig später kam es zu Aufführungen in Berlin und Stuttgart. 1962 wurde *Andorra* in Österreich und in Israel auf die Bühne gebracht, 1963 wurde es in New York inszeniert. In zahlreichen west- und osteuropäischen Ländern kam das Stück in den folgenden Jahren auf die Bühnen.

Positive Kritiken überwiegen

Dem großen Publikumsinteresse in Deutschland entsprachen die überwiegend positiven Kritiken, die das Stück in deutschen Zeitungen schon nach der Uraufführung in Zürich erfahren hatte. Beispielhaft sei hier Joachim Kaiser zitiert, der in der *Süddeutschen Zeitung* vom 4./5. November 1961 u. a. schrieb:

> „Frisch hat das Drama eines unheilbaren Vorurteils geschrieben. Er hat sich, und das bezeichnet zunächst die Grenze des Stückes, dabei auf die Frage nach dem Wie beschränkt. Nicht warum die Andorraner antisemitisch reagieren, wird erörtert, sondern auf welche Weise sie es tun. Das Drama fragt sich nicht in Menschen hinein, sondern es stellt fest. Am Anfang gleicht es beinahe einer dramatisierten Soziologie gesellschaftlich vermittelter antisemitischer Verhaltensweisen. (…) Es gibt im Augenblick wohl keinen

35 Vgl. zu diesem Abschnitt Bänzinger, S. 39–65 und A., S. 146–150.

deutschsprachigen Dramatiker, der einem solchen Thema auch nur annähernd so gewachsen wäre wie Max Frisch."[36]

Ein Beispiel für eine kritische Stimme

Zu den wenigen Kritikern, die das Stück skeptisch bis ablehnend-negativ beurteilten, gehört Friedrich Torberg, der sich in der österreichischen Zeitschrift *Das Forum* vor allem mit dem Begriff des „Modells" auseinandersetzte und mit dem im Programmheft der Uraufführung gegebenen Hinweis, der Jude könne heute oder morgen „Kommunist oder Kapitalist, oder Gelber, Weißer, Schwarzer, je nachdem" heißen:

> „Hier, wenn nicht alles trügt, wurzelt das fundamentale Mißverständnis des Stücks. Jude, Jude-Sein, Judentum mögen als Begriffe oder Tatbestände der Eindeutigkeit entraten. Man kann vielleicht nicht ganz genau sagen, was sie sind. Aber man kann ganz genau sagen, was sie nicht sind: sie sind keine Modelle, keine austauschbaren Objekte beliebiger (und ihrerseits austauschbarer) Vorurteile, wie ja auch der Antisemitismus kein beliebiges (und seinerseits austauschbares) Vorurteil ist. So billig geben 's weder die Juden noch die Antisemiten. So einfach, so geheimnislos, so flach und physisch greifbar geht 's da nicht zu."[37]

Zu einem gänzlichen Misserfolg geriet die Aufführung in New York, wo *Andorra* nach nur neun Vorstellungen vom Spielplan abgesetzt wurde. Der Theatergeschmack der Amerikaner und die Mentalität des Publikums, die in den 1960er Jahren in Westeuropa und den USA wohl unterschiedlich waren, mögen diesen Misserfolg teilweise erklären.

---

36 Zitiert nach: Bänzinger, S. 43 f.

37 Friedrich Torberg, *Ein fruchtbares Mißverständnis.* In: Das Forum 7/1961, H. 96, S. 455 f., zitiert nach: Bänzinger, S. 51. Der Österreicher Torberg, selbst Jude, überlebte den Holocaust im Exil.

5. MATERIALIEN

Verortung des Dramas

Kritik an Deutschland oder an der Schweiz?

In der Diskussion um Max Frischs *Andorra* und die Bewertung des Stücks nimmt die Frage eine bedeutende Rolle ein, ob das Stück dem Antisemitismus und der Verfolgung und Vernichtung der Juden während des Nationalsozialismus gerecht wird oder ob dieser Antisemitismus als austauschbares Muster gesehen wird. Damit einher geht die Überlegung, ob mit dem Modell Andorra Deutschland gemeint ist oder Frisch Kritik an der Schweiz übt. Rudolf Walter Leonhardt sieht das Stück in Deutschland **verortet**:

„Max Frisch versichert in einer einleitenden Bemerkung zu seinem Stück ‚Andorra', von dem hier die Rede ist, es sei nicht das wirkliche Andorra gemeint. (...) Das historische Modell für Andorra ist Deutschland. (...) Kurz: Wir haben den Eindruck, dass es sich die Kritik bisher ein bisschen zu leicht gemacht hat, wenn sie aus einem so hart treffenden Stück nicht mehr herauslesen konnte als: Es ist gut, sich ‚kein Bildnis' zu machen, keine Vorurteile zu haben. Der Autor ist an dieser verharmlosenden Interpretation nicht schuldlos. Wenn er sagte: Andorra ist Deutschland, wie ich es erlebt habe, wie ich es sehe – dann müsste man ihm dankbar sein, dann könnte man endlich einmal wieder ernsthaft, und das heißt konkret, darüber reden."[38]

Der Schweizer Manfred Kuhn betont die (indirekte) Kritik an der Schweiz:

---

38 Rudolf Walter Leonhardt: *Wo liegt Andorra?* In: Die Zeit, Nr. 4/1962, S. 9. Zitiert nach: Bänzinger, S. 80.

„Die These, Andorra bedeute bei Frisch Deutschland, klingt hier in der Schweiz ganz absurd. Wir haben immer zu wissen gemeint, dass Andorra zweifellos die Schweiz ist, die Schweiz, so wie sie sich Max Frisch im Falle einer Nazi-Besetzung vorstellt, wobei die ‚Schwarzen' eben die Nazis sind. Zwar betonte Frisch, Andorra sei weder Andorra noch ein anderer Kleinstaat ‚den ich kenne', doch hat ihm das hierzulande niemand abgenommen. Aus der Tagebuch-Stelle über den andorranischen Juden geht mit einiger Gewissheit hervor, dass Frisch jedenfalls ursprünglich an die Eidgenossen gedacht haben muss."[39]

Bildnis-Thematik und Liebe

Andris Versagen

Klaus Müller-Salget geht in seinem Aufsatz zu Max Frischs *Andorra* u. a. auf die besondere Rolle ein, die Andri und Barblin im Zusammenhang mit Frischs Auffassung haben, lediglich die **Liebe** bewahre davor, sich ein **Bildnis** von dem anderen zu machen. In dem Anfertigen eines Bildnisses von Barblin sieht Müller-Salget das Versagen Andris.

„Im Personenverzeichnis (...) stehen Andri und Barblin an der Spitze, die einzigen, die hier mit Namen genannt werden, nicht in Funktionen aufgehen (Tischler, Wirt usw.), sondern als Individuen gezeichnet sind, und das mit gutem Grund; denn sie lieben einander. Die Liebe, hat Frisch ja gehofft, befreie aus jedem Bildnis, und in der Tat ist Barblin diejenige Person, die sich kein Bild von Andri macht, die bis zum Schluss zu ihm hält, ihn zu retten sucht, auf einem anklagenden Gedenken beharrt. Gleichwohl wird auch diese

---

39 Manfred Kuhn: *Andorra – überall.* Zitiert nach: Bänzinger, S. 80.

Liebe ein Opfer des Vorurteils. Sie hätte sich gar nicht erst entwickelt, wenn der Lehrer die beiden rechtzeitig darüber aufgeklärt hätte, dass sie Halbgeschwister sind. Dazu rafft er sich aber nicht einmal dann auf, als Andri um Barblins Hand anhält und sich den abschlägigen Bescheid nur mit seiner jüdischen Abkunft erklären kann (...). Schon vorher hat er, im Grübeln über die antijüdischen Urteile der anderen, die Liebe mit dem hingabebereiten Mädchen versäumt (...). So wird Barblin zum Opfer des roh gewalttätigen Soldaten, der ihr von Anfang an nachgestellt hat (...). Zur Rechtfertigung gibt Andri ihr keine Gelegenheit, sperrt sie vielmehr ein im Bild der Soldatenhure, die es ‚fröhlich und nackt' mit jedem treibe (...). Hier versagt auch er."[40]

Die Schlüsselrolle des 12. Bildes

Schwierige Inszenierung

Peter Bekes hebt die besondere Bedeutung des 12. Bildes für das gesamte Stück hervor; er weist darauf hin, dass mit der Inszenierung dieses Bildes die Aufführung stehe und falle und sich etliche Regisseure damit schwer getan hätten, die Szene mit ihren grotesken und teilweise surrealen Elementen zu gestalten. Bekes sieht im **12. Bild** in einem metaphorischen Sinn die theatralische Realität der Vorurteile und die szenische Demonstration der den Vorurteilen immanenten Gewalt. Auch für die Struktur des Dramas weist er dem letzten Bild eine **Schlüsselroll**e zu.

„Auch in struktureller Hinsicht kommt dem letzten Bild eine Schlüsselposition zu. Die beiden Handlungsstränge, der öffentliche und private, konvergieren in diesem Bild. Schon die Vielzahl

---

40 Müller-Salget, S. 64.

der Figuren, die hier auftreten, deutet darauf hin, dass die Szene eine Art kollektives Finale darstellt. Abgesehen vom Pater, der dem inhumanen Tribunal fernbleibt, aber gerade dadurch mitschuldig wird, sind wiederum alle Andorraner – ähnlich wie im 1. Bild – auf dem Platz versammelt. Sie haben sich nicht verändert, sondern nur das, was immer schon in ihrem Typus angelegt war, entfaltet: ihre Missgunst, Feigheit, Unterwürfigkeit, Gier, Angst, Laster, die hier noch einmal konzentriert zum Ausdruck kommen. Diese haben ihr Opfer gefunden. Ein geschichtsloser Alltag nimmt sie alle wieder auf. (...) Die Andorraner sind nicht einmal mehr Typen, geschweige denn Personen. Sie sind wie Tiere in einen Pferch gesperrt, in angstvoller Erwartung, was mit ihnen geschehen wird. (...) Selbst das, was noch an Menschlichkeit erinnert, das Gesicht als Kernzone der Personalität, verschwindet unter der Tyrannei der Schwarzen. Indem die Andorraner ihre Gesichter mit schwarzen Tüchern verhüllen müssen, passen sie sich solcher namenlosen Gewalt an."[41]

Andris Suche nach Identität

Andris Suche nach Identität

Manfred Durzak kritisiert, Max Frisch setze die Vorurteile, denen sich Andri gegenübersieht, als gegeben voraus und spüre nicht ihrer (historischen) Entstehung nach. In diesem Zusammenhang beleuchtet er die Entwicklung Andris und seine Suche nach Identität.

„Andri, der in den ersten sechs Bildern konsequent von der Umwelt zurückgestoßen wird, der bei seinem Versuch, ein Andorraner unter Andorranern zu sein, ständig gehindert wird, hat im sieb-

41 Bekes, S. 21.

ten Bild einen Krisenpunkt erreicht, den man als Identitätsverlust bezeichnen könnte. Man hindert ihn durch die verschiedensten Vorurteile, die man Juden anhängt, daran, ein normaler Mitbürger zu werden, wonach er eigentlich strebt, indem er Tischler werden will, indem er von dem Gesellen Fedri in die Fußballmannschaft aufgenommen werden möchte und indem er Barblin, seine vermeintliche Pflegeschwester, heiraten will. Frisch hat in diesen sechs Bildern beklemmend demonstriert, wie der Mechanismus des Vorurteils wirkt. (...) Allerdings ist trotz solcher überzeugenden szenischen Demonstration Frisch vorzuwerfen, dass er keineswegs die historische Entstehung solcher Vorurteile analysiert. Es setzt sie vielmehr als etwas faktisch Gegebenes voraus und analysiert nur ihre Anwendung auf Andri selbst."[42]

Brecht zur Bildnis-Thematik

Falsche und positive Bilder

Während Max Frisch die Position einnimmt, man dürfe sich kein Bildnis von einem anderen Menschen machen, unterscheidet Bertolt Brecht zwischen falschen Bildern von anderen und daraus resultierendem eigenen falschen Verhalten und solchen Bildern, die zur positiven Veränderung beitragen können, indem der Mensch sich nach dem positiven Bilde entwickelt.

„Wenn man den Menschen liebt, kann man aus seinen beobachteten Verhaltensarten und der Kenntnis seiner Lage solche Verhaltensarten für ihn ableiten, die für ihn gut sind. Man kann das ebenso wie er selber. Aus den vermutlichen Verhaltensarten werden so wünschbare. Zu der Lage, die sein Verhalten bestimmt,

---

42 Durzak, S. 226.

zählt sich plötzlich der Beobachter selber. Der Beobachter muß also dem Beobachteten ein gutes Bildnis schenken, das er von ihm gemacht hat. Er kann Verhaltensarten einfügen, die der andere selber gar nicht fände, diese zugeschobenen Verhaltensarten bleiben aber keine Illusionen des Beobachters; sie werden zu Wirklichkeiten: Das Bildnis ist produktiv geworden, es kann den Abgebildeten verändern, es enthält (ausführbare) Vorschläge. Solch ein Bildnis machen heißt lieben."[43]

---

43 Brecht, *Über das Anfertigen von Bildnissen*; zitiert nach: Bänzinger, S. 72 f.

6. PRÜFUNGSAUFGABEN MIT MUSTERLÖSUNGEN

Unter www.königserläuterungen.de/download finden Sie im Internet zwei weitere Aufgaben mit Musterlösungen.

Die Zahl der Sternchen bezeichnet das Anforderungsniveau der jeweiligen Aufgabe.

Aufgabe 1 *

Weise nach, dass das 1. Bild expositorische Funktion hat!

Mögliche Lösung in knapper Fassung:

VORAUSSETZUNG

Der Aufbau des klassischen Dramas

In Anlehnung an Gustav Freytags Überlegungen zum klassischen (aristotelischen) Drama ergibt sich für das 5-Akt-Schema ein pyramidal-axialer Aufbau, in dem den einzelnen Akten (idealtypisch) bestimmte Funktionen zugeordnet sind. Der I. Akt dient der Exposition: Einführung in Ort und Zeit der Handlung und die Atmosphäre; die wichtigsten Figuren werden eingeführt; die Handlungsvoraussetzungen (Geschehnisse vor Beginn der Bühnenhandlung) werden geklärt, und der Konflikt wird angedeutet. Der II. Akt dient der Spannungssteigerung; der Konflikt wird entfaltet (durch ein erregendes Moment), das Tempo des Geschehens wird beschleunigt (Zusteuerung auf den Konflikt). Der III. Akt ist Höhe- und Wendepunkt (Peripetie) zugleich. Protagonist und Antagonist stehen sich in einer Auseinandersetzung gegenüber, in der sich der weitere Gang der Handlung entscheidet (die fallende Handlung bewegt sich auf die Katastrophe zu). Dem II. Akt entspricht spiegelbildlich der IV. Akt. Wie der II. Akt ein erregendes (steigerndes) Moment enthält, so weist der IV. Akt ein retardierendes Moment auf. Der Weg in die Katastrophe wird verzögert. Rettung für den Helden scheint möglich. Die Spannung wird noch einmal gesteigert. Der V. Akt bringt die Lösung des Konflikts (äußerer Untergang des Helden; dieser kann aber mit einer Erhöhung oder Verklärung verbunden sein). Alle zuvor gesponnenen Entwicklungen werden aufgelöst.

Poetik des Aristoteles

Grundlage dieses Aufbaus sind dabei die Einheit von Ort, Zeit und Handlung (zurückgeführt auf die „Poetik" des Aristoteles). Dies bedeutet, dass ein Handlungsstrang sich in einem zeitlich begrenzten Rahmen an einem Haupthandlungsort vollzieht. Die einzelnen Szenen der Akte sind dabei den Akten und ihren Aufgaben funktional zugeordnet.

Das 1. Bild in Andorra

Frischs *Andorra* besteht aus zwölf Bildern, also nicht wie üblich aus Akten (Aufzügen) und Szenen (Auftritten), und ist insgesamt dem Typus des „offenen Dramas" zuzuordnen. Somit müssen einzelne Bilder Funktionen übernehmen, die im „klassischen Drama" den Akten zukommen. Das 1. Bild weist zahlreiche Elemente einer Exposition auf:

- → Der Handlungsort (Andorra) wird eingeführt, wobei dieser, nach Max Frisch, keinen konkreten Ort und kein konkretes Land meint, sondern als „Modell" fungiert. Der Schauplatz des 1. Bildes ist der Platz von Andorra; dieser Platz ist auch der Handlungsort des letzten Bildes und bildet somit einen örtlichen Rahmen für das gesamte Drama.
- → Wesentliche Figuren werden eingeführt: so die Zentralfigur Andri, Barblin, der Lehrer und weitere Andorraner (der Doktor und die Senora tauchen im 1. Bild nicht auf). Die „Schwarzen" werden erwähnt.

→ Konfliktlinien, die sich in der Entwicklung des Dramas miteinander verzahnen, werden angedeutet:
  – die Bildnis-Thematik (Stereotype)
  – die Beziehung zwischen Barblin und Andri (die aber noch nicht wissen, dass sie Halbgeschwister sind)
  – die Bedrohung Andorras durch die „Schwarzen"
  – die (sexuelle) Aggressivität Peiders
  – die Bedrohung Andris
→ Einige Handlungsvoraussetzungen werden angeführt: so die (angebliche) jüdische Herkunft Andris, die Trunksucht des Lehrers (deren Ursache unklar bleibt).
→ Auch einige zentrale Darstellungselemente werden eingeführt (Farbmetaphorik, Kontrastbildung, die Symbolik des Pfahls und der Haare).

FAZIT

Das 1. Bild übernimmt expositorische Funktion, wobei ein wesentlicher Aspekt teilweise ausgespart bleibt. Im Bereich der Handlungsvoraussetzungen wird die Vorgeschichte Andris nicht wirklich enthüllt; dies geschieht erst im weiteren Verlauf des Dramas, was aber für die von Frisch angelegte Konfliktentfaltung zwingend ist. Erst im Verlauf des Dramas wird sich herausstellen, dass die angebliche jüdische Herkunft Andris eine vom Lehrer (im eigenen Interesse) erfundene Zwecklüge ist. Diese Lüge entfaltet ihre Wirkungsmächtigkeit dadurch, dass Andri schließlich die ihm zugewiesene (soziale) Rolle des Juden annimmt.

Aufgabe 2 *

Vergleiche an einigen Beispielen das Selbstbild der Andorraner mit ihrem tatsächlichen Verhalten!

Mögliche Lösung in knapper Fassung:

VORAUSSETZUNG

Die Bildnis-Thematik kann als das zentrale Thema von *Andorra* angesehen werden. Bildnisse kann man einteilen in Selbstbilder (Autostereotype) und Fremdbilder (Heterostereotype). Selbstbilder sind dadurch gekennzeichnet, dass wir uns positive Eigenschaften zuschreiben, mit denen wir uns von anderen abgrenzen. Dieser Mechanismus wirkt aber nicht nur bei Individuen, sondern auch bei Gruppen. Der Gruppe, der wir angehören, schreiben wir positive Eigenschaften zu (Fleiß, Pünktlichkeit, Ehrlichkeit, Disziplin etc.). Sie konstituieren die Wir-Gruppe. Bereits vom 1. Bild des Dramas an wird deutlich, dass die Andorraner von sich selbst ein positives Bild zeichnen und Andri, dem – vermeintlichen Juden – negative Eigenschaften zuordnen.

UNTERSUCHUNG

- → Der Pater bezeichnet Andorra als ein frommes und gottesfürchtiges Land. Mit Stolz verweist er darauf, dass die Andorraner Hilfsbereitschaft gegenüber Verfolgten gezeigt hätten. Tatsächlich handelt der Pater aber „unchristlich" – er presst Andri in das verfertigte Bild vom Juden; als die „Schwarzen" Andorra überfallen, bleibt er dem Platz fern und tritt nicht für Andri ein.
- → Der Soldat behauptet, Andorraner seien mutig, und er würde bis zum letzten Blutstropfen für Andorra kämpfen. Tatsächlich ist er in doppelter Weise feige: Gemeinsam mit anderen Soldaten verprügelt er Andri, der ihnen alleine gegenüber steht. Und als die „Schwarzen" angreifen, läuft er widerstandslos über und macht sich sogar zum Helfershelfer der „Schwarzen" (siehe 10. Bild).

- → Der Arzt behauptet, Andorraner seien frei und demokratisch, legten keinen Wert auf Titel und machten vor niemandem Bücklinge. Tatsächlich erweist er sich als undemokratisch, von Vorurteilen und Neid zerfressen und legt Wert auf seinen Status. Zugleich passt er sich feige der Mehrheit an und folgt den Befehlen der „Schwarzen".
- → Der Geselle gibt sich als Freund Andris aus; bei der „Lehrprobe" durch den Tischler gibt er Andris Stuhl als seinen aus und lässt zu, dass der Tischler wider besseres Wissen behauptet, Andri habe einen schlechten Stuhl angefertigt.
- → Auffällig ist in diesem Zusammenhang auch, dass die Andorraner schlechte Eigenschaften, die sie Andri „als Juden" zuordnen, selbst verkörpern. Sie projizieren also ihre negativen Verhaltensweisen und Eigenschaften auf Andri (Feigheit, Geilheit, Geldgier, Ungeselligkeit etc.).

FAZIT

Bei einer Untersuchung der Bilder ergibt sich, dass die Autostereotype der Andorraner in Gegensatz zu ihren Verhaltensweisen stehen. Dies betrifft nahezu alle Andorraner, sowohl was ihre individuellen Zuschreibungen angeht, als auch die Zuschreibungen, die sie sich als Andorraner insgesamt zuweisen. In der Gesamtheit trifft das vor allem auf ihren Antisemitismus zu, den sie den „Schwarzen" zuschreiben. Sie halten sich für etwas Besseres als die „Schwarzen", halten sich ihre Menschlichkeit und ihre Freiheitsliebe zugute. Tatsächlich aber kommt die Judenfeindlichkeit nicht erst mit den „Schwarzen" nach Andorra, sondern ist dort bereits vorhanden und Teil des Alltagsbewusstseins. Dies macht die Senora dem Lehrer deutlich, wenn sie zu ihm sagt: „Vielleicht wolltest du zeigen, daß ihr so ganz anders seid als wir. (...) Aber sie sind hier nicht anders, du siehst es, nicht viel." (S. 72)

Aufgabe 3 **

Untersuche die Bedeutung des Platzes von Andorra für das Drama!

Mögliche Lösung in knapper Fassung:

VORAUSSETZUNG

Handlungsort des Dramas ist Andorra, wobei Max Frisch in einer Anmerkung zu seinem Drama betont hat, dass Andorra nichts mit dem wirklichen Kleinstaat dieses Namens zu tun hat, sondern als „Modell" gesehen werden soll (siehe S. 8). Der Platz von Andorra ist dabei der Haupthandlungsort. Über ihn hat Max Frisch angemerkt: „Das Grundbild für das ganze Stück ist der Platz von Andorra. Gemeint ist ein südländischer Platz, nicht pittoresk, kahl, weiß mit wenigen Farben unter finsterblauem Himmel." (S. 117) Diese Anmerkung Frischs finden im Drama ihren Ausdruck darin, dass in fünf der zwölf Bilder der Platz auch Handlungsort ist (Bilder 1, 5, 8, 10, 12) und dass Barblin im 1. Bild eine Mauer „weißelt". Aber auch in den Bildern, die einen anderen Handlungsort haben (Innenräume) ist der Platz gegenwärtig, denn nach Frischs Vorstellung sind alle Szenen, die nicht auf dem Platz spielen, „davorgestellt", ohne dass ein Vorhang eine szenische Trennung vornimmt. Lediglich durch Lichtwechsel sollen diese anderen Orte markiert werden, so dass der Platz stets den Hintergrund des Geschehens bildet (vgl. Textausgabe S. 117)

UNTERSUCHUNG

Der Platz im Drama *Andorra* hat mehrere Funktionen:

→ Er ist, wie oben bereits angemerkt, der **Haupthandlungsort.**
→ Er bildet eine **kompositorische Klammer**, denn das erste und das letzte Bild spielen auf dem Platz. Im 1. Bild tauchen bereits (fast) alle Personen auf, ebenso im letzten Bild. Werden

Thematik und Konflikt im 1. Bild eröffnet, so werden sie auf dem Platz im letzten Bild zum Abschluss geführt

→ Der Platz hat eine **dramaturgische** Funktion: Auf dem Platz werden **„öffentliche Sphäre"** (die Bildnis-Thematik, das Selbst- und Fremdbild der Andorraner) und **„private Sphäre"** (die Identitätssuche Andris, seine Beziehung zu Barblin und seinem Vater) **verbunden.**

→ Der Platz ist nicht nur Handlungsort, sondern auch **Symbolraum**. Einerseits sind zentrale Handlungselemente auf dem Platz verortet; die Vorurteile der Andorraner, ihr Selbst- und Fremdbild äußern sich in einem öffentlichen Raum; Gewaltakte der Andorraner (Aggressivität Peiders gegenüber Andri) finden ebenso „öffentlich" statt wie die Gewalt der „Schwarzen". Andererseits ist der Platz von Beginn des Dramas an symbolisch aufgeladen. Dies geschieht etwa über die Farbsymbolik: das Weiß der Häuser, das Rot des Blutes, die Uniformen und schwarzen Fahnen der „Schwarzen". Auch die Wettermetaphorik kommt auf dem Platz zum Tragen (Erwähnung des Platzregens und des heraufziehenden Gewitters im 1. Bild). Zudem findet der Pfahl bereits im 1. Bild Erwähnung („Ich sehe keine Gespenster, ich bin nicht verrückt, ich seh einen Pfahl, der sich eignet für allerlei – .", S. 17). Hinweis: Siehe hierzu auch die Anmerkung von Frisch (Textausgabe S. 124 f.).

→ Der Platz als **„historischer Schauplatz"** und damit **„Element der Erinnerung":** Auf dem Platz werden die Elemente, die besonders stark an die Praktiken der Nationalsozialisten im Umgang mit den Juden erinnern, ins Stück geholt (12. Bild): die Selektion der Juden im Kontext der „Rassenlehre" der Nationalsozialisten, das Abschneiden der Haare (Barblin) als Element der Demütigung, die Entpersönlichung (die Tücher über dem Kopf, das Wegnehmen der Schuhe) und die Ermordung Andris (Holocaust). Da es sich bei dem Platz aber um einen öffentlichen Raum handelt, springt die Handlung sozusagen auf die Ebene der Rezipienten (der Zuschauer) über. Bei Erscheinen des Dramas steht die Aufarbeitung des Nationalsozialismus in Deutschland noch ganz am Anfang – bis in die 60er Jahre des 20. Jahrhunderts hinein war das Erbe des Nationalsozialismus aus dem öffentlichen Bewusstsein verdrängt worden. Als ein Anliegen des Dramas kann es aber gesehen werden, die Diktatur der Nationalsozialisten und den Holocaust, vor allem aber den Umgang damit (Verdrängung), ins Bewusstsein zu heben und zu einer offenen Auseinandersetzung aufzurufen. Dies wird wesentlich durch die „Zeugenschranken" und die Aussagen im „Zeugenstand" geleistet – an der Nahtstelle zwischen Platz und Zuschauerraum verortet.

FAZIT

Der Platz von Andorra ist weitaus mehr als ein reiner Handlungsort des Dramas. Er ist Symbolraum, hat kompositorische und dramaturgische Funktionen, ist Ort wesentlicher Bausteine des Dramas (Motive, Themen, Symbole) und holt besonders deutlich die Geschichte (des Nationalsozialismus und seiner Verarbeitung) in das Stück. Somit hat der Platz für das Drama eine multifunktionale Bedeutung.

Aufgabe 4 ***

Analysieren Sie Andris Sprachgebrauch im Kontext seiner Suche nach Identität!

Mögliche Lösung in knapper Fassung:

VORAUSSETZUNG

→ Andri ist als dynamische Figur angelegt. Die Andorraner dagegen repräsentieren Typen (sie sind schon im Personenverzeichnis durch Stand bzw. Beruf als Typus gekennzeichnet: der Lehrer, der Wirt, der Doktor etc.), die statisch angelegt sind: Ihre Haltungen und Einstellungen ändern sich nicht, was die Aussagen vor der Zeugenschranke verdeutlichen (eine gewisse Ausnahme bildet hier der Pater); und die Andorraner leben in einem kollektiven Denk- und Werteraum (Auto- und Heterostereotype), was sich auch in ihrer Sprache ausdrückt. Andri ist als Individuum gezeichnet. Er macht eine Entwicklung durch.

→ Von der Kompositionsstruktur des Dramas her können die Bilder 1–6 als Andris Suche nach Identität angesehen werden. Das 7. Bild (Gespräch mit dem Pater) kann als Höhepunkt und Wendepunkt seiner inneren Krise gelten („Ich mag mich selbst nicht, wenn ich an mich selbst denke. … Sie kann mich nicht lieben, niemand kann's, ich selbst kann mich nicht lieben …", S. 57–59) Nach dem 7. Bild nimmt er die ihm zugeschriebene Rolle als Jude an und identifiziert sich mit ihr. Er schreibt sich dabei allerdings letztlich Charakterzüge und Verhaltensweisen zu, die ganz und gar nicht seinem wahren personalen Kern entsprechen; somit ist er auch zugleich von sich selbst entfremdet.

ANALYSE

Entsprechend der oben aufgezeigten Entwicklung, lassen sich in Andris Sprache Veränderungen feststellen:

→ Andris Sprache ist in den Bildern 1–6 in den Hauptzügen die Sprache eines (andorranischen) Jugendlichen, der sich für Fußball interessiert, eine Lehre als Tischler machen will und seine Verlobte liebt – kurz: seine Sprache unterscheidet sich kaum von der der anderen Andorraner. Die Sätze sind häufig parataktischer Natur, weisen Alltagsvokabular auf, beschränken sich – kurz und knapp – auf das Nötigste (siehe etwa im 1. Bild die Auseinandersetzung mit dem Soldaten, S. 19 f., oder im 3. Bild das Gespräch mit dem Gesellen über Fußball, S. 30 f.).

→ Abweichungen hiervon zeigen sich in Redepassagen, in denen Andri stark emotional berührt ist. Dies lässt sich etwa nachweisen gegen Ende des Gesprächs mit Barblin. Die Sätze werden länger, gehen ins Hypotaktische über, enthalten emotionale Ausrufe: „Das ist kein Aberglauben, o nein, das gibt's, Menschen, die verflucht sind, und man kann machen mit ihnen, was man will, ihr Blick genügt, und plötzlich bist du so, wie sie sagen." Einzelne Sätze gehen hier (ohne Trennung durch einen Punkt) aneinandergereiht ineinander über und bringen Andris innere Erregung zum Ausdruck. In Momenten des Glücks (siehe etwa S. 18 im Gespräch mit Barblin, Andri nimmt an, er könne Tischler werden) geht Andris Sprache ins Lyrisch- Bildhafte über: „Die Sonne scheint grün in den Bäumen heut. … Man möchte seinen Namen in die Luft werfen wie eine Mütze, und dabei stehe ich nur da und rolle meine Schürze. So ist Glück." Als zweites Beispiel kann das Gespräch mit dem Tischler dienen. Andri ist empört darüber, dass der Tischler wider besseres Wissen behauptet, Andri habe den nicht verzapften Stuhl angefertigt: „Sie sitzen auf meinem

Stuhl, ich sag es Ihnen, Sie lügen, wie's Ihnen grad paßt, und zünden sich die Pfeife an." (S. 33) Im weiteren Verlauf seiner Rede steigert sich Andris Empörung noch, was sich einerseits in einer Reihe von hintereinander gesetzten Fragen ausdrückt, andererseits in der Kontrastbildung durch den Gebrauch der Pronomina „ich" und „Sie" („Warum schmähen Sie mich? Sie sitzen auf meinem Stuhl.", S. 34).

→ Wenn Andri in den Redepassagen der ersten Bilder häufig **Ich-Botschaften** aussendet, seine Gefühle offenbart (Liebe, Eifersucht, Ärger, Glück), dann hat das auch die Funktion zu markieren, dass er dem Klischee vom Juden, das ihm zugewiesen wird, eben nicht entspricht („Meinesgleichen, sagen sie, hat kein Gefühl.", S. 25).

→ Deutliche Veränderungen sind dann nach dem 7. Bild zu erkennen, vor allem im 2. Gespräch mit dem Pater, der zu ihm gekommen ist, um ihm zu enthüllen, dass er kein Jude ist, sondern das Kind des Lehrers und der Senora (9. Bild). Andri hat aber längst die ihm zugewiesene Rolle angenommen („PATER: – du möchtest ein Jud sein? sein?// ANDRI: Ich bin's", S. 80).

→ Auffällig ist im 9. Bild zunächst einmal der rein quantitative Aspekt. Von den Redeanteilen her dominiert Andri das Gespräch, das über weite Strecken schon fast monologischen Charakter hat (siehe besonders S. 80 f.). Andri weist dem Pater die Rolle des Zuhörers zu („Jetzt, Hochwürden, spreche ich.", S. 80).

→ In Andris Redepassagen dominieren jetzt Ich-Botschaften: Allein im ersten großen Abschnitt (auf S. 80) finden wir zwanzigmal die 1. Person Singular im Nominativ (ich). Dieses „ich" steht den Andorranern gegenüber, die aber nun zumeist in der 3. Person Plural („sie") angesprochen werden. Nur einmal spricht Andri noch vom „euch": („Jetzt ist es an euch, Hochwürden, euren Jud anzunehmen.", S. 80).

- → Mehrfach taucht die Floskel auf „Sie haben recht." Damit signalisiert Andri sprachlich, dass er die ihm durch die Andorraner zugewiesenen Verhaltensweisen und Charakterzüge an sich zu erkennen meint.
- → Der zweite Teil der Redepassage (S. 80 f.) ist durch den Gebrauch zahlreicher bildhafter, häufig düster klingender Redewendungen bestimmt, die Andris Pessimismus zum Ausdruck bringen, und durch einen Sprachgebrauch gekennzeichnet, der deutlich an die **Sprache der Bibel** (des Alten Testamentes) angelehnt ist: „(…) damit ihr Tod nicht über mich komme mit Schmerz und Verzweiflung (…) Meine Zuversicht ist ausgefallen, eine um die andere, wie Zähne. (…) Meine Trauer erhebt mich über euch alle, und so werde ich stürzen. (…) Gnade ist ein ewiges Gerücht, die Sonne scheint grün in den Bäumen, auch wenn sie mich holen." In diesen Zeilen scheint aber schon nicht mehr ein junger Mann zu sprechen, sondern ein Andri, der sich zum Stellvertreter des Judentums macht und in der Rolle eines Märtyrers aufgeht („Ich möchte, daß es bald geschehe. Ich bin alt.", S. 80)

FAZIT

Auf der Suche nach Identität nimmt Andri schließlich die Rolle an, die ihm die Andorraner zuweisen. Er macht sich damit ein Bildnis von sich selbst, das ganz und gar nicht seinem Charakter entspricht (er ist eben nicht unsensibel und gefühllos, nicht feige und roh). Letztlich entfremdet er sich in diesem Prozess von sich selbst. Diese Entwicklung spiegelt sich auch in seiner Sprache, die in dem Maße nahezu zu einer Rollensprache wird, wie er die ihm auferlegte Rolle annimmt. Seine Sprache wird zu einem Teil dieses Selbstentfremdungsprozesses.

LITERATUR

Zitierte Ausgabe:

Frisch, Max: *Andorra. Stück in 12 Bildern.* Mit einem Kommentar von Peter Michalzik. Frankfurt am Main: Suhrkamp, 1999 (Suhrkamp Basis Bibliothek Band 8) → Nach dieser Ausgabe wird zitiert. Zitate aus dem Kommentar sind mit „A" gekennzeichnet.

Gesamtausgaben:

Frisch, Max: *Stücke 1.* Frankfurt am Main: Suhrkamp, 3. Aufl. 1975 (suhrkamp taschenbuch Bd. 70) → Enthält die Dramen „Santa Cruz", „Nun singen sie wieder", „Die Chinesische Mauer", „Als der Krieg zu Ende war" und „Graf Öderland".

Frisch, Max: *Stücke 2.* Frankfurt am Main: Suhrkamp, 4. Aufl. 1975 (suhrkamp taschenbuch Bd. 81) → Enthält die Stücke „Don Juan oder die Liebe zur Geometrie", „Biedermann und die Brandstifter", „Die große Wut des Philipp Hotz", „Andorra" und „Biographie: Ein Spiel".

Lernhilfen und Kommentare für Schüler:

Eisenbeis, Manfred: *Max Frisch, Andorra.* Stuttgart: Klett Verlag, 1990 (Klett Lektürehilfen) → Enthält alle wesentlichen Aspekte zu „Andorra"; eignet sich für eine vertiefende Beschäftigung.

Heidenreich, Sybille: *Frisch, Andorra/Biedermann und die Brandstifter. Biografie und Interpretation.* Hollfeld: Beyer Verlag, 2. Aufl. 1974 (Analysen und Reflexionen Bd. 9) → Kann zur ersten Orientierung dienen.

Kästler, Reinhard: *Max Frisch, Andorra.* Hollfeld: 4. Aufl. 1993 (Königs Erläuterungen und Materialien Bd. 145) → Vorläuferband der vorliegenden Erläuterung.

Knapp, Gerhard P.; Knapp, Mona: *Max Frisch, Andorra.* Frankfurt am Main: Diesterweg, 7. Aufl. 1998 (Grundlagen und Gedanken/Erzählende Literatur) → Führt bündig in Entstehung und Thematik des Werks ein; enthält Materialien.

Meurer, Reinhard: *Max Frisch, Andorra.* München: Oldenbourg, 1990 (Oldenbourg Interpretationen Bd. 35) → Eine ausführliche Arbeit, für eine vertiefende Beschäftigung geeignet; enthält Vorschläge zur Gestaltung des Unterrichts.

Sekundärliteratur:

Bänzinger, Hans: *Max Frisch, Andorra.* Erläuterungen und Dokumente. Stuttgart: Reclam, 1985 (Reclam Universal-Bibliothek Bd. 8170) → Ausgezeichnete Materialsammlung; Sach- und Worterklärungen; sollte in Ergänzung zum Textband unbedingt angeschafft werden.

Bekes, Peter: *Außenseiter. Max Frisch: Andorra. Gotthold Ephraim Lessing: Nathan der Weise.* Stuttgart: Klett, 1988 (Anregungen für den Literaturunterricht) → Eine Einführung in beide Dramen, wobei der Schwerpunkt auf dem Vergleich der Hauptfiguren und ihrer Rolle als Außenseiter liegt; als ergänzende und vertiefende Lektüre empfehlenswert.

Bircher, Urs: *Max Frisch 1911–1955. Vom langsamen Wachsen eines Zorns.* Zürich: Limmat-Verlag, 1997.

Durzak, Manfred: *Dürrenmatt, Frisch, Weiss. Deutsches Drama der Gegenwart zwischen Kritik und Utopie.* Stuttgart: Reclam, 2. Aufl. 1973.

Eisenbeis, Manfred: *Stundenblätter. Max Frisch Andorra.* Stuttgart: Klett, 1981 (Klett/Schulpraxis. Stundenblätter).

Müller-Salget, Klaus: *Max Frisch.* Stuttgart: Reclam, 1996 (Literaturwissen/Reclam Universal-Bibliothek Bd. 15210) → Führt kompakt in das Gesamtwerk von Max Frisch ein.

Schmitz, Walter (Hrsg.): *Max Frisch.* Frankfurt am Main: Suhrkamp, 1987 (suhrkamp taschenbuch materialien 2059).

Schmitz, Walter (Hrsg.): *Über Max Frisch II.* Frankfurt am Main: Suhrkamp, 2. Aufl. 1976 (edition suhrkamp 852).

Stephan, Alexander: *Max Frisch.* München: C. H. Beck, 1983 (Beck Autorenbücher Bd. 37).

Stephan, Alexander: *Max Frisch.* In: Heinz Ludwig Arnold (Hrsg.): Kritisches Lexikon zur deutschsprachigen Gegenwartsliteratur (KLG). Bd. 3. 41. Nachlieferung (NLG) 2006. (edition text und kritik).

Wendt, Ernst; Schmitz, Walter: *Materialien zu Max Frischs Andorra.* Frankfurt: Suhrkamp, 1978 (edition suhrkamp Bd. 653).

Audio Book/CD:

LiteraMedia Bd. 46 (Berlin: Cornelsen, 2001) → In Ergänzung zur kommentierten Buchausgabe bietet das AudioBook Werklesungen, Kommentare und Originalaufnahmen, die multimediale CD-ROM präsentiert Materialien mit Such- und Bearbeitungsfunktion.

STICHWORTVERZEICHNIS

Barbara Heider-Rauter

AURA-SOMA

Pomander · Quintessenzen
Farbessenzen · ArchAngeloi

Schirner Verlag

Die Ratschläge in diesem Buch sind sorgfältig erwogen und geprüft. Sie bieten jedoch keinen Ersatz für kompetenten medizinischen Rat, sondern dienen der Begleitung und der Anregung der Selbstheilungskräfte. Alle Angaben in diesem Buch erfolgen daher ohne Gewährleistung oder Garantie seitens der Autorin oder des Verlages. Eine Haftung der Autorin bzw. des Verlages und seiner Beauftragten für Personen-, Sach- und Vermögensschäden ist ausgeschlossen.

Wir verzichten auf das Einschweißen unserer Bücher – **UNSERER UMWELT ZULIEBE!**

ISBN Printausgabe 978-3-8434-5034-8
ISBN E-Book 978-3-8434-6141-2

Barbara Heider-Rauter:
Aura-Soma
Pomander · Quintessenzen ·
Farbessenzen · ArchAngeloi

Umschlag: Anna Twele, Schirner, unter Verwendung von #2232825365 (©SmLyubov), www.shutterstock.com
Fotografien der Aura-Soma-Produkte im gesamten Buch: ©Roland Rauter (www.aurasomashop.at)
Layout: Anna Twele, Schirner, unter Verwendung von #2025464261 (©LADY-MAYPIX) und #2232825365 (©SmLyubov), www.shutterstock.com
Lektorat: Katja Hiller, Schirner
Printed by: Ren Medien GmbH, Germany

www.schirner.com

12. Auflage Januar 2024

Inhalt

Die Pomander

Im Jahr 1985, 2 Jahre nachdem die Aura-Soma-Equilibrium-Flaschen entstanden waren, erblickte der erste Pomander das Licht der Farbwelt. Vicky Wall benannte ihr neues Produkt nach einem alten französischen Wort. Diesem weißen Pomander sollten noch weitere folgen. Die Pomander des Aura-Soma-Farbsystems wirken klärend, reinigend und schützend auf unsere feinstofflichen Körper ein.

Vicky Wall hat über viele Jahre ihres Lebens hinweg Kräuter, Pflanzen und Blüten gesammelt und konserviert. Bereits als Kind entdeckte sie dieses Hobby und brachte von den gemeinsamen Spaziergängen mit ihrem Vater ihre Schätze nach Hause mit. Nachdem die Equilibrium-Flaschen geboren waren, erkannte Vicky Wall, dass ihre Sammlung für sie mehr als ein Hobby war. Sie entdeckte den tieferen Sinn in ihrer Arbeit und erfasste den größeren Plan des Schöpfers: Sie erschuf fast unglaubliche Schätze für die Unterstützung der menschlichen Entwicklung. Sie hatte Auszüge aus 49 Pflanzen gesammelt, die ihr 7 mal 7 verschiedene Möglichkeiten zur Unterstützung aller Aspekte des Chakrasystems boten. Der erste Pomander, der mit ihrer weisen Einsicht entwickelt wurde und auf dem alle anderen basieren, war der weiße

Pomander. Er enthält alle 49 Essenzen zu gleichen Anteilen. Die Basis dieses Gemischs ist auch heute noch Bioalkohol. In jedem Pomander finden sich neben diesen Blüten und Pflanzen auch die Energien von Farben und Edelsteinen.

Alle 19 Pomander wirken wie eine tägliche Farbdusche für unser Energiefeld. Sie reinigen, klären und schützen es. Außerdem dienen sie zur Stärkung der Chakras, weil die Farben der enthaltenen Kräuter den Farben unserer Chakras entsprechen. Wer sein Energiefeld und seinen Geist vor der Meditation klären möchte, sollte zu den Pomandern greifen, denn sie unterstützen darin, einen positiven Raum zu erzeugen. Außerdem stärken wir mit ihnen unser allgemeines Wohlbefinden. Jeder Pomander hilft uns dabei, uns jenseits von Zeit und Raum mit der Quelle des Lichts zu verbinden und uns auf unsere Absicht zu fokussieren.

Die Pomander können nicht überdosiert werden, d. h. wir können sie im Verlauf des Tages so anwenden, wie es uns guttut. Wir nehmen z. B. den weißen Pomander zur Klärung nach dem Aufstehen oder wählen den roten Pomander zum Schutz des Energiefeldes, wenn wir aus dem Haus gehen. Die Pomander sind wundervolle Helfer für jede Situation, in die wir im Verlauf des Tages geraten können, denn durch die Abfüllung in kleine, praktische Kunststofffläschchen sind sie jederzeit und überall leicht und schnell einsetzbar.

Bei der Anwendung der Pomander geht es nicht darum, dass wir etwas ohne ihre Unterstützung nicht bewältigen können, sondern darum, dass es schön ist, ein so wundervolles, duftendes Hilfsmittel zu nutzen, das unser Energiefeld und unser Körper lieben. Die Pomander sind eine Unterstützung in unserem täglichen Leben in und mit der Materie, die uns umgibt, sowie mit der feinstofflichen Ebene, die wir nicht immer so klar wahrnehmen können.

Auswahl und Anwendung der Pomander

Für Sie selbst

Sie können zu Ihrem Pomander auf verschiedenen Wegen finden. Wählen Sie die Farbe, die dem unteren Teil Ihrer Equilibrium-Flasche entspricht. Oder Sie gehen intuitiv vor und nehmen die Farbe, die Sie am stärksten anzieht. Sie können Ihren Pomander auch dem Thema entsprechend auswählen, z. B. den blauen Pomander bei allen Belangen der Kommunikation. Oder Sie greifen ganz einfach zu dem Pomander, der für Sie am besten riecht.
Geben Sie 3 Tropfen des Pomanders auf die 3 Linien Ihrer linken Hand, die Herz-, die Lebens- und die Schicksalslinie. Dann verreiben Sie die Flüssigkeit mit der rechten Hand und streichen sie in einigen Zentimetern Abstand in Ihre Aura ein – vom Kopf zur Erde und wieder zurück zum Kopf. Atmen Sie anschließend 3 Mal aus der Schale, die Ihre Hände vor Ihrem Gesicht bilden, ein. Eine visuelle Anleitung zum Pomander-Ritual finden Sie auf meinem Youtube-Kanal aurasomashop.at.

Für Ihr Kind

Ihr Kind wählt den Pomander selbst aus. Lassen Sie es seine eigene Wahl treffen, und kommentieren Sie diese bitte nicht, weil Sie Ihr Kind sonst verunsichern und von seinem klaren Weg der Erkenntnis abhalten. In all den Jahren meiner Arbeit mit Kindern habe ich ihre klare Entscheidungsfähigkeit immer sehr bewundert. Wenn wir Erwachsenen uns nicht einmischen, finden Kinder schnell und leicht ihre passenden Pomander und/oder Quintessenzen.

Machen Sie das Pomander-Ritual mit Ihrem Kind gemeinsam. Kinder lieben Rituale. Wenn Sie Ihrem Kind die Anwendung eines Pomanders als selbstverständlichen Teil im täglichen Leben zeigen und vorleben, wird es lernen, ganz natürlich mit den Pomandern umzugehen.

Für Ihr Tier

Wählen Sie für Ihr Tier einen Pomander aus, und fächeln Sie ihn mit Ihren Händen in ruhigen Bewegungen in die Aura Ihres Tieres ein, so, als würden Sie es einige Zentimeter über dem Fell vom Kopf bis zum Schweif streicheln. Die meisten Tiere lieben die Pomander und lassen dies sehr gern geschehen.

Die Pomander-Raumsprays

Alle Pomander gibt es auch als Raumsprays, damit Sie Ihr Umfeld ebenfalls klar, rein und kraftvoll gestalten können. Immer wieder werde ich gefragt, ob wir die Raumsprays auch in öffentlichen Räumen einsetzen dürfen oder ob wir damit zu stark in die energetischen Entwicklungsprozesse unserer Mitmenschen eingreifen. Wenn Sie die Raumsprays in öffentlichen Räumen einsetzen, ist es immer wichtig, dies ohne eigene Absicht zu tun. Wir verwenden das Pomander-Raumspray »Rosa« also nicht, weil wir wollen, dass sich unser Arbeitskollege in uns verliebt, sondern weil wir einen Raum der Liebe und des gegenseitigen Verständnisses erschaffen wollen, in dem sich das höchste Wohl aller Beteiligten entwickeln darf.
Wenn wir auf diese Weise mit den Raumsprays arbeiten, greifen wir nicht in die Privatsphäre eines anderen Menschen ein. Dann ist es auch erlaubt, die Sprays dem eigenen Bedürfnis entsprechend einzusetzen. Wir sind dadurch nicht manipulativ, sondern stellen nur ein energetisches Angebot zur Verfügung, das andere nutzen können. Wenn jemand den Geruch nicht verträgt, sollten Sie selbstverständlich Rücksicht nehmen und das Spray nur im leeren Zimmer versprühen. Dann ist der Geruch bereits verflogen, wenn andere den Raum betreten, aber die Energie bleibt erhalten.

Pomander »Weiß«

Farbe: Weiß
Chakra: alle Chakras
Duft: medizinisch, warm
Edelsteinenergie: Bergkristall, Selenit, Herkimer Diamant
Pflanzenenergie: Alle 49 Blüten und Pflanzen sind in einem ausgewogenen Verhältnis enthalten.

Basisthema: Reinigung, Klarheit und Schutz des Energiefeldes

Wirkung:

- stark reinigend und klärend für das gesamte Energiefeld
- erschafft Raum für einen Neuanfang
- stark schützend – wie ein Mantel aus Licht
- mindert den Juckreiz bei Insektenstichen, wenn der Pomander direkt auf den Stich aufgetragen wird
- Weil der weiße Pomander alle Farben enthält, bringt er uns bei allen Themen in die Klarheit.
- hilft Kindern dabei, sich leichter zu konzentrieren, und bei allen aktuellen Lebensthemen
- Auf Tiere wirkt die Anwendung wie eine wohltuende Lichtdusche.

Dieser Pomander sollte in keiner Hausapotheke fehlen. Bei allem, was wir energetisch reinigen möchten – vom eigenen Energiefeld über Schmuckstücke bis hin zu Räumen –, wirkt der weiße Pomander wie ein »energetischer Universalreiniger«. Wenn wir das Gefühl haben, energetisch belastet zu sein, bringt er uns Reinheit und verschafft uns Erleichterung. Wir fühlen uns nach der Anwendung wie neu geboren. Ich vergleiche seine Wirkung immer mit dem Einschalten des Lichts – dieser Pomander ist reines weißes Licht und wirkt in jeder Situation klärend und befreiend. Er erschafft Raum für etwas Neues und auch für einen Neuanfang in unserem Leben.

Das Pomander-Raumspray »Weiß« ist unverzichtbar für jeden Raum, der energetisch belastet ist. Besonders Therapieräume, Geschäftsräume oder auch Massageliegen sollten abends oder nach den Behandlungen mit diesem Raumspray geklärt werden.

Tipp: Der weiße Pomander wirkt auch desinfizierend. Probieren Sie ihn einmal in Ihrem Reinigungswasser aus, und spüren Sie die neue Frische und Klarheit, die Sie nach dem Hausputz umgibt.

Tipp: Nehmen Sie dieses Raumspray mit auf Reisen. Mit ihm befreien Sie Ihr Hotelzimmer von den Energien der Vorbewohner und können so einen klaren, reinen und geschützten Raum genießen.

Das strahlende Licht der Reinheit und Klarheit umgibt mich und durchdringt gleichzeitig jede meiner Zellen.

Pomander »Rosa«

Farbe: Rosa
Chakra: höheres Herzzentrum sowie innerhalb des Gebärmutterbereichs des Sakralchakras
Duft: blumig-süß, leicht nach Rosen und Rosengeranien
Edelsteinenergie: Rosenquarz, rosa Turmalin, Kunzit
Pflanzenenergie: 42 Anteile aller Farben und 7 Anteile an der Farbe Rosa zugeordneten Pflanzen und Blüten, z. B. Rose, Rosengeranie

Basisthema: bedingungslose Liebe und Mitgefühl – Verbindungen auf der Herzensebene

Wirkung:

- › hilft uns dabei, uns selbst ohne Wenn und Aber zu lieben
- › öffnet uns dafür, Liebe auch annehmen zu können
- › tröstend bei Liebeskummer
- › unterstützt Gruppen darin, alle Teilnehmer auf der Herzensebene zusammenzuführen
- › lässt uns mit Aggressionen, besonders denen, die wir gegen uns selbst richten, besser umgehen
- › hilft Kindern dabei, sich geborgen und geliebt zu fühlen
- › hilft Kindern auch bei allen Eifersuchtsthemen
- › unterstützt Tiere darin, sich in einer neuen Situation wohl- und sicher zu fühlen, z. B. bei Familienzuwachs, nach einem Umzug oder im Urlaub

Dieser Pomander wirkt wie ein Seelentröster oder Herzensstreichler. Bei allen Themen und in allen Situationen, in denen wir uns ungeliebt oder alleingelassen fühlen, hüllt er uns wie ein wärmender Mantel ein. Wir fühlen uns geborgen und getröstet. Er ist wunderbar für jede Situation geeignet, in der mehr Liebe, Mitgefühl und gegenseitiges Verständnis gefragt sind. Sein zarter Duft erinnert uns an unsere eigene Zartheit und hilft uns dabei, diese nicht zu missachten, uns aber gleichzeitig stark und beschützt zu fühlen. Mit ihm können wir uns so lieben, wie wir sind, unsere Schönheit zelebrieren und das liebevoll strahlende Wesen entwickeln, das in unserem Inneren auf seine Befreiung wartet. Der rosa Pomander öffnet uns auch dafür, die Gaben des Lebens und all die Liebe, der wir im Außen begegnen, voller Freude anzunehmen.

Das Pomander-Raumspray »Rosa« eignet sich für alle Räume, in denen Liebe und Mitgefühl sowie Verständnis für andere Menschen besonders gefragt sind, z. B. Kindergärten, Klassenzimmer und Seminarräume.

Tipp: Geben Sie einige Tropfen des rosa Pomanders zu Ihrem Bügelwasser. Sie werden spüren, wie angenehm es ist, Kleidung zu tragen, die mit der Energie der bedingungslosen Liebe aufgeladen ist.

Ich sehe meine Welt aus den Augen der Liebe. Dadurch kann ich die Herzen meiner Mitmenschen berühren und auch ihre Liebe empfangen.

Pomander »Rot«

Farbe: Rot
Chakra: Basischakra
Duft: süß und fruchtig, würzig
Edelsteinenergie: Granat, Rubin
Pflanzenenergie: 42 Anteile aller Farben und 7 Anteile an der Farbe Rot zugeordneten Pflanzen und Blüten, z. B. Sandelholz, Nelke, Wacholder

Basisthema: Erdung – Energie – Schutz des Energiefeldes vor Energieverlust

Wirkung:

› gibt uns Energie, wenn wir uns ausgelaugt und matt fühlen
› hilft uns bei allen Themen, die mit der uns umgebenden Materie zu tun haben
› unterstützt uns bei der Umsetzung unserer Pläne
› erdet uns und verbindet uns mit unserem Erdstern
› schützt unser Energiefeld vor Energieverlust und in großen Menschenmengen
› weckt in uns die Leidenschaft für das Leben und die Liebe
› unterstützt Kinder, die zu Tagträumen neigen, darin, im Hier und Jetzt präsent zu sein
› hilft Tieren, die zu aggressiven Ausbrüchen neigen, dabei, ruhiger zu werden

Dieser Pomander ist wie ein Schutzmantel für unser Energiefeld. Besonders wenn wir uns in großen Menschenmengen aufhalten, z. B. in Einkaufszentren oder auf Flughäfen, sind wir mit ihm gut abgeschirmt. Er schützt uns auch vor allen Arten von Energieräubern. Wenn wir uns überfordert haben, energie- und kraftlos oder einfach übermüdet sind, gibt uns der rote Pomander Kraft und Antrieb. Er hilft uns auch dabei, unsere Pläne umzusetzen und nach Enttäuschungen neuen Mut zu fassen. Mit ihm lernen wir, mit Wut und Frustration auf eine produktive Weise umzugehen, und er unterstützt uns darin, uns in der Materie und auch in unserem Körper zu Hause und wohlzufühlen. Der rote Pomander stärkt unsere Liebesfähigkeit und lässt uns die leidenschaftliche Seite des Lebens neu entdecken. Mit ihm öffnen wir uns für alle Themen, die mit der Freude am täglichen Leben zu tun haben. Er lässt uns auch das Leben genießen und es nicht nur als (Überlebens)Kampf wahrnehmen.

Das Pomander-Raumspray »Rot« energetisiert unser Umfeld und unterstützt uns darin, die Kraft zu entwickeln, die wir für die Umsetzung unserer Ziele brauchen. Es baut ein Schutzfeld auf und ist deshalb besonders gut für unsere privaten Räume geeignet.

Die Erde trägt mich, sie nährt mich
und sie schützt mich.
Danke, Erde, für deine Liebe.

Pomander »Tiefrot«

Farbe: Tiefrot
Chakra: Basischakra, Verbindung mit dem Erdstern
Duft: süßlich-fruchtig
Edelsteinenergie: Granat, Rubin, Karneol, Blutstein
Pflanzenenergie: 42 Anteile aller Farben und 7 Anteile an der Farbe Tiefrot zugeordneten Blüten und Pflanzen, z. B. Zeder, Lorbeer

Basisthema: Schutz des Energiefeldes vor Energieverlust – anregend für die Liebe – alle Überlebensthemen

Wirkung:

- Besonders wenn wir uns in großen Menschenmengen befinden, schirmt er unser Energiefeld gegen alle Fremdeinflüsse ab.
- hilft uns bei allen Themen, die mit der Materie und dem Überleben in der materiellen Welt zu tun haben – auch bei allen Geldthemen
- löst Gefühle wie Ärger, Frustration oder Wut auf
- unterstützt uns darin, energetische Blockaden zu lösen
- hilft in allen Situationen, in denen wir uns nicht in unserem Körper anwesend fühlen
- erdet stark und unterstützt darin, nach der Meditation wieder im Hier und Jetzt zu landen
- hilft Kindern, die oft abwesend und antriebslos wirken, dabei, Kraft und Mut zu entwickeln und für ihre Sache einzustehen – vor allem Kindern mit einem geringen Durchsetzungsvermögen
- unterstützt kranke und schwache Tiere darin, schneller auf die Beine zu kommen

Dieser Pomander hat fast dieselben Wirkungen wie der rote Pomander, er wirkt jedoch intensiver. Wenn wir die Wirkung des roten Pomanders steigern möchten, können wir einfach den tiefroten Pomander verwenden. Mit ihm haben wir einen guten Helfer, der uns nach allen psychischen Attacken wieder fest in unserem Körper verankert. Nach der Anwendung fühlen wir uns kraftvoll und beschützt. Auch für alle Erdarbeiter und Schamanen ist dieser Pomander sehr nützlich. Er klärt Plätze, die energetisch nicht sauber und stark belastet sind, und hilft dadurch der Erde und auch uns dabei, uns an diesen Plätzen geborgen zu fühlen. Die Farbe Tiefrot unterstützt auch alle Menschen, die mit Steinen arbeiten. Der tiefrote Pomander schützt uns bei geopathischen Störungen und negativen Leylines. Er wirkt dabei wie ein »energetischer Ganzkörperanzug« gegen alles Negative in unserem Umfeld. Er ist aber auch ein wundervoller Helfer, wenn wir uns kraftlos und innerlich leer fühlen. Außerdem lässt sich mit seiner Energie unsere Kundalini leichter aktivieren, und er wirkt zudem aphrodisierend.

Das Pomander-Raumspray »Tiefrot« ist ebenfalls die verstärkte Form des roten Raumsprays. Es unterstützt uns darin, Räume energetisch abzuschirmen oder diese nach Meditationen wieder mit Erdenergie aufzufüllen, die uns das Ankommen im Hier und Jetzt erleichtert.

Ich bin eingehüllt in
schützendes, tiefrotes Licht.
Ich fühle mich geborgen.

Pomander »Koralle«

Farbe: Korallenrot
Chakra: zwischen Basis- und Sakralchakra
Duft: fruchtig, leicht nach Zitrone, ein Hauch Bitterorange
Edelsteinenergie: Koralle
Pflanzenenergie: 42 Anteile aller Farben und 7 Anteile an der Farbe Korallenrot zugeordneten Blüten und Pflanzen, z. B. Bitterorange, Zeder, Bergamotte

Basisthema: alle Themen, die mit unerwiderter Liebe zu tun haben – Verbundenheit auf allen Ebenen – Miteinander und Gemeinschaft anstelle von Isolation

Wirkung:

- hilft uns dabei, mit unserer Verletzlichkeit besser umzugehen
- weckt in uns die Bereitschaft, uns mit anderen Lichtarbeitern zu verbinden
- unterstützt uns darin, unser eigenes spirituelles Wesen zu erwecken
- lässt uns alte Traumata leichter verarbeiten, besonders in Bezug auf den Verlust von geliebten Menschen
- hilft uns dabei, ein tiefes Gefühl der Lebensfreude zu entwickeln
- gibt uns die Kraft, in die Unabhängigkeit zu finden
- verleiht ein neues Verständnis für Liebe und Fürsorge
- wirkt bei Kindern tröstend, besonders wenn sie starke Veränderungen erlebt haben, z. B. Trennungen, einen Schulwechsel oder einen Verlust
- hilft Tieren, die mit anderen konkurrieren, dabei, stabiler und ausgeglichener zu werden

Dieser Pomander ist ein starker, tröstender Begleiter, wenn wir uns unverstanden oder ungeliebt fühlen. Mit ihm können wir aus dem Gefühl des Verlassenseins herausfinden und die Verbundenheit mit allem Lebendigen erfahren. Er hilft uns auch, wenn wir das Gefühl haben, dass wir mehr geben, als wir zurückbekommen. Für alle Lichtarbeiter ist er ein ideales Hilfsmittel. Sie verstehen mit seiner Energie, dass die richtige Zeit gekommen ist, um miteinander weiterzugehen, anstatt in der Isolation zu bleiben. Mit diesem Pomander fühlen wir uns wie in einen schützenden Mantel eingehüllt und bringen den Mut auf, zu unserer Zartheit und unserer Verletzlichkeit zu stehen. Er unterstützt die Klärung aller alten, im Unterbewusstsein gespeicherten Verletzungen unserer Seele, die durch Zurückweisung entstanden sind, und hilft uns dabei, dass wir wieder freudig und erfüllt von neuem Mut auf unsere Mitmenschen zugehen können.

Das Pomander-Raumspray »Koralle« unterstützt vor allem die Energie in Räumen, in denen sich Kinder aufhalten. Es vermittelt uns Geborgenheit und das Gefühl des liebevollen Angenommenseins. Auch für Therapieräume, Arztpraxen und besonders gut für das Schlafzimmer ist es geeignet. Mit ihm finden wir zu unserer eigenen Kraft zurück. Dieses Raumspray unterstützt auch alle Teamarbeiter und lässt sich sehr gut für Büro- und Geschäftsräume sowie in Besprechungszimmern anwenden, denn in diesen Räumen geht es oft darum, gemeinsam eine Lösung zu finden. Seine Energie verbreitet das Gefühl von Wertschätzung und lässt jedes Teammitglied zu seiner höchsten Ausdrucksmöglichkeit und seinen kreativsten Ideen finden.

Ich bin mit allen Lichtarbeitern verbunden, ich bin ein Teil des Lichtgitternetzes.

Pomander »Orange«

Farbe: Orange
Chakra: Sakralchakra
Duft: fruchtig und frisch, leicht nach Orangen
Edelsteinenergie: Orangencalcit, Sonnenstein
Pflanzenenergie: 42 Anteile aller Farben und 7 Anteile an der Farbe Orange zugeordneten Blüten und Pflanzen, z. B. Mandarine

Basisthema: pure Lebensfreude – schnelle Hilfe bei Schocks – Befreiung von Süchten

Wirkung:

- hilft uns dabei, bewusst erlebte Schocks und Traumata zu erlösen
- unterstützt uns darin, uns von Süchten zu befreien
- lässt uns wieder in den »fruchtigen« Fluss des Lebens eintauchen und unsere sinnlichen Seiten genießen – wie ein Bad in einem orangen, warmen See
- fördert die Kreativität und unseren kreativen Ausdruck
- hilft uns dabei, alle Erlebnisse auf unserer Zeitlinie (Vergangenheit, Gegenwart und Zukunft) in Balance zu bringen
- hilft Kindern bei großen und kleinen Schocks und auch bei allen Formen von Ängsten
- wirkt harmonisierend und energetisch heilend auf Tiere, die Schocks erlebt haben

Wenn wir kleine oder auch größere Erschütterungen in unserem emotionalen Feld erleben, hilft uns dieser Pomander sehr schnell, wieder in unsere Mitte und Balance zu finden. Er bringt sofortige Entspannung und lässt uns tief durchatmen. Mit seiner Begleitung befreien wir unser Energiefeld von allen Grauschleiern, damit wir wieder in unsere Lebensfreude und kreative Schöpferkraft eintauchen können. Er unterstützt alle Klärungen, die mit unserer Ursprungsfamilie und unseren Partnerschaften zu tun haben. Auch alle Erlebnisse, die uns aus unserer Harmonie gebracht haben, werden durch die Anwendung des orangen Pomanders gelöst. Auf diese Weise erreichen wir eine neue und entspannte Sicht auf die Vergangenheit.

Das Pomander-Raumspray »Orange« ist sehr gut für alle Räume geeignet, in denen wir mehr Lebensfreude spüren wollen. Auch in allen Bereichen, in denen wir unseren kreativen Ausdruck fördern wollen, ist es sehr hilfreich. Mit ihm können wir Räume, die zur therapeutischen Arbeit genutzt werden, optimal vorbereiten. Dies gilt besonders für Praxen, in denen an der Bewältigung der Vergangenheit gearbeitet wird. Der frische und fruchtige Duft hilft uns auch über die dunkle Jahreszeit hinweg und lässt Leichtigkeit und Lebensfreude in uns entstehen.

Tipp: Wenn Ihr Kind gern mit den Pomandern arbeitet, empfiehlt es sich, ihm diesen Pomander in die Schultasche zu stecken. Der orange Pomander sollte auch in Ihrer Handtasche nicht fehlen, denn so sind Sie stets auf alle kleinen und großen Erschütterungen des täglichen Lebens vorbereitet.

Die Lebensfreude durchströmt mich wie ein warmer Fluss.

Pomander »Gold«

Farbe: Gold
Chakra: zwischen Sakral- und Solarplexuschakra, knapp über dem Bauchnabel
Duft: fruchtig, wärmend, eine Mischung aus Orange und Mandarine
Edelsteinenergie: Gold, Bernstein, Goldtopas
Pflanzenenergie: 42 Anteile aller Farben und 7 Anteile an der Farbe Gold zugeordneten Pflanzen und Blüten, z. B. Goldmelisse

Basisthema: Selbstwert – Beurteilungen loslassen – Fülle auf allen Ebenen

Wirkung:
- › beleuchtet alle Themen, die mit Selbstwert und Selbstvertrauen zu tun haben
- › hilft uns dabei, mit unserer inneren Weisheit in Kontakt zu treten
- › lässt uns die Fülle des Lebens erkennen und wieder genießen
- › stärkt uns, damit wir einen Weg aus Abhängigkeiten und Co-Abhängigkeiten finden
- › verbindet uns mit unserem Inkarnationsstern
- › hilft uns dabei, mit Melancholie und Ängsten besser zurechtzukommen
- › unterstützt Kinder darin, ihren Wert zu finden und selbstbewusst zu sein
- › hilft Kindern bei irrationalen Ängsten – eignet sich besonders gut vor dem Einschlafen
- › hilft Tieren, die aus Unsicherheit und mangelndem Selbstvertrauen heraus aggressiv reagieren

Dieser Pomander verbindet uns mit unserer inneren Weisheit. Er lässt uns die Fülle in uns selbst finden und darauf vertrauen, dass wir mit allem versorgt sind. Er erlöst alle Energien der Selbstverurteilung und -beurteilung sowie deren Ursachen in unserem energetischen Feld. Der goldene Pomander hilft uns dabei, Abhängigkeiten zu entkommen, und ist ein Stimmungsaufheller. Immer wenn wir niedergeschlagen sind und uns wertlos fühlen, befreit er unsere Felder von dieser Schwere und öffnet uns wieder für die kraftvollen Energien von Hoffnung, Freude und Wertschätzung. Er unterstützt aber auch die Verbindung mit unserem goldenen Bereich, der zwei Fingerbreit über unserem Bauchnabel liegt. An dieser Stelle befindet sich unser Inkarnationsstern, und mithilfe des goldenen Pomanders finden wir leichter Zugang zur wahren Aufgabe unserer Inkarnation. Wenn wir von irrationalen Ängsten geplagt werden, wirkt er zudem entspannend und erlösend.

Das Pomander Raumspray »Gold« ist besonders gut für alle Meditationsräume geeignet. In Geschäftsräumen kann es dabei helfen, Ängste in Bezug auf die materielle Fülle zu erlösen, und eine entspannte Energie fördern. In allen Räume, in denen wir die Energien von Vertrauen, Fülle und Weisheit willkommen heißen wollen, können wir dieses Spray versprühen. Auch in Studienräumen und Klassenzimmern fördert es den Selbstwert und das Vertrauen in die Weisheit der Studenten und Schüler.

Wenn ich meine Augen schließe,
kann ich meinen inneren Reichtum und
meine Weisheit ganz klar erkennen.

Pomander »Gelb«

Farbe: Gelb
Chakra: Solarplexuschakra
Duft: erfrischend fruchtig, nach Zitrone
Edelsteinenergie: Citrin, Bernstein
Pflanzenenergie: 42 Anteile aller Farben und 7 Anteile an der Farbe Gelb zugeordneten Pflanzen und Blüten, z. B. Citronella, Zitronengras, Sonnenhut

Basisthema: Klarheit in den Gedanken – pure Lebensfreude – kognitives Lernen

Wirkung:

› unterstützt uns darin, in Zeiten der Verwirrung wieder in die Klarheit zu finden
› lässt uns erkennen, dass wir immer die Sonne in unserem Leben sind
› lässt die Sonne in unser Leben, besonders in Zeiten von Lichtmangel und bei Winterblues
› unterstützt unsere Konzentration, besonders beim kognitiven Lernen
› lässt uns in die Freude und die Leichtigkeit zurückfinden
› hilft uns dabei, unseren Geist zu beruhigen, wenn das Gedankenkarussell nicht stillsteht
› unterstützt Kinder mit Konzentrationsstörungen oder Prüfungsängsten
› hilft auch unseren Tieren beim Lernen

Dieser Pomander ist wie eine Dusche aus purem Licht und Lebensfreude. Mit ihm finden wir durch den Nebel der Verwirrung in eine neue Klarheit, und ständig wiederkehrende Gedanken werden geklärt und erlöst. Er unterstützt uns bei der Konzentration und allen Lernprozessen. Wenn wir uns aus den Verstrickungen, in die wir mit unserem Umfeld geraten sind, lösen möchten, ist dieser Pomander ebenfalls eine gute Hilfe. Er ist wie eine frische Brise, die unser Energiefeld und unseren Kopf von allem befreit, was uns belastet und einengt. Auch bei emotionalen Verstimmungen und, wenn wir die Welt nur noch in Grautönen wahrnehmen, lässt der gelbe Pomander die Sonne in uns wieder erstrahlen. Er unterstützt uns zudem bei allen Themen, die im Zusammenhang mit unserer Ernährung und der Nahrungsaufnahme stehen. Er bringt sowohl ein Zuviel als auch ein Zuwenig in die Balance.

Das Pomander-Raumspray »Gelb« lässt sich gut in allen Räumen einsetzen, in denen gelernt wird. Es fördert die Konzentration und die Aufnahme von geistiger Nahrung und öffnet unseren Zugang zu Wissen, dessen Vermittlung und Integration. Es ist auch sehr gut für alle Räume geeignet, in denen es um Freude, Spaß und den kreativen Ausdruck von Lebenslust geht.

In meiner Mitte strahlt eine Sonne.
Sie erfüllt mein Leben
mit Lachen und Wärme.

Pomander »Olivgrün«

Farbe: Olivgrün
Chakra: zwischen Solarplexus- und Herzchakra
Duft: nach Moos
Edelsteinenergie: Olivin, Epidot, Moldavit
Pflanzenenergie: 42 Anteile aller Farben und 7 Anteile an der Farbe Olivgrün zugeordneten Pflanzen und Blüten, z. B. Himalayakiefer

Basisthema: Erlösung der Bitterkeit aus der Vergangenheit, um in die Süße der Gegenwart zu finden – Verbindung mit der weiblichen, fühlenden Seite in sich selbst – Hoffnung

Wirkung:

› stärkt die weibliche, fühlende Seite in uns und lässt uns wieder auf unsere Gefühle vertrauen
› unterstützt uns darin, in Zeiten der Gefühlsverwirrung Klarheit in alle Herzensangelegenheiten scheinen zu lassen
› hilft uns dabei, den Weg von der Basis ins Herz zu finden
› verbindet uns mit dem Herzen von Mutter Erde und unterstützt damit alle Erdheiler und Schamanen, aber auch jeden anderen, der etwas für die Erde tun möchte
› lässt uns durchatmen und uns im Leben wieder mehr Raum nehmen
› erinnert uns daran, im Hier und Jetzt zu leben und dieses Leben zu genießen
› hilft Kindern dabei, mit Eifersucht und Neid umzugehen und diese Gefühle zu transformieren
› unterstützt misshandelte Tiere darin, wieder Vertrauen zu Menschen aufzubauen

Dieser Pomander verbindet uns stärker mit unserer weiblichen, fühlenden Seite. Er unterstützt uns darin, den Weg zu unseren wahren Gefühlen von alten, bitteren Erlebnissen zu befreien, die uns von unserem Herzen entfernt haben. Wir finden in ein neues Vertrauen zu uns selbst und unseren Gefühlen. Der olivgrüne Pomander gibt uns Hoffnung auf einen Neuanfang. Er bringt uns die nährende, lichtvolle Energie, die wir befreien, sobald wir aus der Energie der Opferhaltung und der Verbitterung finden. Mit ihm lösen wir unsere innere Starre und können uns wieder selbst nähren und wärmen. Er ist tröstend und aufbauend, besonders wenn wir verzweifelt sind und uns im Stich gelassen fühlen. Für alle, die in einen tieferen Kontakt mit der Erde treten wollen, wirkt er unterstützend.

Das Pomander-Raumspray »Olivgrün« eignet sich für alle Therapieräume und Räume, in denen an unserer fühlenden, weiblichen Seite gearbeitet wird. Es unterstützt den Zugang zu unserem Herzen und unseren wahren Gefühlen. Wenn wir hoffnungslos sind und nicht mehr weiterwissen oder in alten Mustern verstrickt sind, hilft es uns dabei, einen neuen Blickwinkel einzunehmen und Lösungen zu finden. Es öffnet auch den Raum für unsere Gefühle und lässt uns mutig auf die Stimme in unserem Herzen vertrauen.

Tipp. Wenn Sie schamanisch arbeiten oder mit der Erdenergie wirken, ist dieser Pomander ideal, da er Sie tief mit dem Herzen von Mutter Erde verbindet.

Die Süße des Lebens lässt mich neue Hoffnung schöpfen.

Pomander »Smaragdgrün«

Farbe: Smaragdgrün
Chakra: Herzchakra
Duft: erdig und gleichzeitig erfrischend – wie ein Wald im Morgentau
Edelsteinenergie: Smaragd, Malachit, grüne Jade, grüner Turmalin
Pflanzenenergie: 42 Anteile aller Farben und 7 Anteile an der Farbe Smaragdgrün zugeordneten Pflanzen und Blüten, z. B. Kiefer, Rosmarin, Eiche

Basisthema: Herzöffnung – neue Wege und Neuanfang – Entwicklung von Panoramabewusstsein

Wirkung:

› unterstützt uns darin, auf die Stimme unseres Herzens zu vertrauen
› lässt uns unsere Ziele und Richtungen klar definieren
› hilft uns dabei, uns stärker mit der Natur zu verbinden
› lässt uns erkennen, dass es mehr als einen Weg gibt
› öffnet unseren Herzensraum, damit wir leichter Zugang zu unseren Gefühlen finden
› hilft uns dabei, Synchronizitäten in unserem Leben zu erkennen und uns ihrer bewusst zu werden
› fördert Wachstum auf allen Ebenen
› unterstützt Kinder darin, sich ihrer Gefühle klar zu werden
› gibt Kindern Hoffnung, besonders nach dem Verlust oder der Trennung von geliebten und vertrauten Menschen oder Tieren
› hilft Tieren dabei, sich an neue Menschen in ihrem Umfeld zu gewöhnen

Dieser Pomander unterstützt unser Herzzentrum und alle Themen, die mit unserem Herzensweg zu tun haben. Er stärkt in uns die Bereitschaft, uns selbst und unserer inneren Stimme zu vertrauen und auch auf Zeichen zu hören, die sich uns offenbaren. Er hilft uns dabei, uns selbst wieder mehr Raum zu nehmen, begleitet uns auf der Suche nach der eigenen Wahrheit und unterstützt unseren freien Atem und unsere Ausdehnung. Unsere Fähigkeit, Synchronizitäten im Leben zu erkennen, fördert er, und er stärkt unser Vertrauen darin, dass wir immer zur richtigen Zeit am richtigen Ort sind und das Richtige tun. Die klare Kommunikation unserer Gefühle wird mit dem smaragdgrünen Pomander ebenso unterstützt wie der Ausdruck unserer Herzenswahrheit. Wir können unsere energetischen Felder von der Energie der Enge und der Schwere befreien. Auf diese Weise öffnen wir weit die Tore unseres Herzens, lüften unseren Herzensraum und schaffen Platz und Licht für den Neuanfang auf allen Ebenen.

Das Pomander-Raumspray »Smaragdgrün« ist immer dann geeignet, wenn es um unser Herz und neue Wege des Ausdrucks unserer inneren Wahrheit geht. Es unterstützt alle Therapieformen, die mit der Energie der Ausdehnung, der Atmung und der Herzöffnung arbeiten. Mit ihm erschaffen wir einen geschützten Raum. Aus diesem Grund ist dieses Spray für jeden Raum ideal, in dem wir uns öffnen oder offenbaren wollen. Der frische Duft nach Wald lässt in uns ein Gefühl von Befreiung entstehen und nimmt uns den Druck und die Enge, speziell im Brustraum. Das Spray eignet sich auch gut für Kinderzimmer, in denen Eifersucht und Neid ein Thema sind.

Mein Herz wird weit,
und ich erkenne die Vielfalt
meiner Möglichkeiten.

Pomander »Türkis«

Farbe: Türkis
Chakra: Ananda-Khanda-Zentrum
Duft: würzig
Edelsteinenergie: Türkis, Aquamarin
Pflanzenenergie: 42 Anteile aller Farben und 7 Anteile an der Farbe Türkis zugeordneten Pflanzen und Blüten, z. B. Pappel

Basisthema: Kreativität – spielerische Leichtigkeit – Erwecken des inneren Lehrers – neue Technologien

Wirkung:

- hilft uns dabei, unsere inneren Bilder kreativ auszudrücken
- lässt uns den weisen Lehrer in uns erkennen und entwickeln
- bringt spielerische Leichtigkeit in unser Leben
- fördert unser Sprachgefühl und unseren kreativen sprachlichen Ausdruck
- unterstützt den Individuationsprozess
- nimmt uns die Angst vor Neuem, speziell in Bezug auf neue Technologien
- hilft uns bei allen Unstimmigkeiten innerhalb der Familie, damit wir zu einem entspannten und liebevollen Umgang miteinander finden
- unterstützt ernste Kinder darin, wieder Kind sein zu dürfen, und stärkt ihren kreativen Ausdruck und den Spaß daran
- hilft Kindern auch bei Sprachstörungen
- hilft Tieren dabei, sich als gleichberechtigten Teil der Familie anzuerkennen
- lässt verschreckte Tiere wieder in eine spielerische Leichtigkeit zurückfinden

Dieser Pomander unterstützt unseren kreativen Ausdruck und eignet sich für alle Menschen, die schreiben, malen, singen, tanzen oder auf andere Weise kreativ tätig sind. Mit ihm finden wir in einen spielerischen, leichten und liebevollen Umgang mit unserem Leben und auch mit unserer Familie. Der Ausdruck unseres Herzens wird dabei genauso gefördert wie der verantwortliche Umgang mit uns selbst und mit dem, was uns im Leben wichtig ist. Durch den türkisen Pomander erfahren wir eine gute Unterstützung, wenn wir vor Gruppen sprechen sollen oder an einer Performance teilnehmen. Auch bei der Arbeit oder bei Problemen mit den neuen Technologien, z. B. wenn wir uns nicht mehr zurechtfinden, kann er eingesetzt werden. Außerdem ist er uns eine gute Hilfe bei der Entwicklung unseres inneren Lehrers.

Das Pomander-Raumspray »Türkis« eignet sich für alle Räume, in denen mit neuen Technologien gearbeitet wird oder in denen wir lernen, mit neuen Kommunikationsmitteln umzugehen. Es versprüht eine Energie von Leichtigkeit und lässt uns etwas von der kindlichen Begeisterungsfähigkeit verspüren. Es empfiehlt sich besonders, das Spray in den Räumen anzuwenden, in denen wir mit unserer Familie zusammenkommen und viel kommunizieren. Auch dort öffnet es einen Raum voller Herzlichkeit und Leichtigkeit.

Meine Kreativität darf sich
jetzt ausdrücken.

Pomander »Saphirblau«

Farbe: Saphirblau
Chakra: Kehlkopfchakra
Duft: sehr würzig
Edelsteinenergie: Saphir, Sodalith
Pflanzenenergie: 42 Anteile aller Farben und 7 Anteile an der Farbe Saphirblau zugeordneten Pflanzen und Blüten, z. B. Myrrhe, Pfefferminze

Basisthema: innerer Frieden – Schutz – friedliche Kommunikation

Wirkung:

- unterstützt die friedliche Kommunikation
- hilft uns beim Rollenwechsel in Beziehungen, z. B. wenn der Vater die Erziehung der Kinder übernimmt und die Mutter das Geld verdient
- Vertrauen in den größeren Plan unseres Lebens
- unterstützt uns bei allen Herausforderungen mit Autoritäten
- fördert uns darin, eine friedliche Atmosphäre aufzubauen
- unterstützt Kinder darin, sich geschützt zu fühlen, und hilft ihnen bei allen Themen, die mit Sprache und Ausdruck zu tun haben
- hilft sehr nervösen Tieren dabei, sich zu beruhigen und zu entspannen

Diesen Pomander sollten wir immer dann verwenden, wenn es um unseren sprachlichen Ausdruck geht. Er gibt uns Schutz, damit wir unsere Wahrheit in der Energie des Friedens aussprechen können, und hilft uns dabei, die blaue Hülle des Schutzes wie einen Mantel um uns herum aufzubauen. Mit ihm können wir auch die männliche und die weibliche Seite in uns vereinen, alte Muster in Bezug auf unsere Ängste und unsere Sprachlosigkeit gegenüber autoritären Personen erlösen und in unseren Frieden finden. Der saphirblaue Pomander fördert in uns die Bereitschaft, den größeren Plan, in dem auch wir eine Rolle spielen, anzuerkennen.

Das Pomander-Raumspray »Saphirblau« eignet sich sehr gut für alle Räume, weil es die Energie des Friedens und des Schutzes verströmt. Mit ihm können wir uns leichter in die Meditation vertiefen. Auch Schlafzimmer und Ruheräume lassen sich hervorragend mit diesem Spray behandeln, damit wir in ihnen in einen Zustand innerer Entspannung kommen und Frieden finden.

Ich finde in den Frieden,
den ich schon so lange im Außen suche.

Pomander »Königsblau«

Farbe: Königsblau
Chakra: Stirnchakra (Drittes Auge)
Duft: kräftig nach Wald
Edelsteinenergie: Lapislazuli, Sodalith
Pflanzenenergie: 42 Anteile aller Farben und 7 Anteile an der Farbe Königsblau zugeordneten Pflanzen, z. B. blaue Kamille, Pfefferminze

Basisthema: alle Themen, die mit der eigenen Sensitivität zu tun haben

Wirkung:

› öffnet uns für unsere intuitive Seite
› hilft uns dabei, Brücken in andere Dimensionen zu bauen
› lässt uns aus einem Gefühl der Isolation wieder hinausfinden
› unterstützt alle, die mit Klang arbeiten – ein spezieller Zugang zu Musik entwickelt sich
› hilft uns dabei, unsere sensitiven Fähigkeiten zu entwickeln
› bietet uns einen großen Schutz, vor allem während der Meditation, bei Ritualen oder während der Kommunikation mit der Geistigen Welt
› hilft sensitiven Kindern dabei, sich geschützt zu fühlen
› unterstützt alle Tiere, die sich isoliert fühlen oder wurden, darin, sich wieder angenommen zu fühlen

Dieser Pomander ist die verstärkte Form des saphirblauen Pomanders. Alle Wirkungen sind in ihm potenziert. Zusätzlich unterstützt er uns darin, unsere Sensitivität zu entwickeln. Er öffnet uns für die Kraft der Hellsichtigkeit, des Hellfühlens, des Hellhörens und des Hellriechens und bietet uns den geschützten Raum, diese sensitiven Fähigkeiten zu entfalten. Wenn wir uns isoliert fühlen, hilft er uns dabei, Anschluss zu suchen und diesen auch zu finden. Und wenn wir uns zu sehr in Fantasiewelten verloren haben, lässt er uns wieder sanft in der Realität landen. Außerdem stärkt er uns, wenn wir in Beziehungen zu viele Schranken errichtet haben und keine Nähe mehr zulassen können. Mit dem königsblauen Pomander ist es uns möglich, diese Schranken zu überwinden und auf andere zuzugehen. Er ist ein starker Schutz und lässt uns über die Brücken in andere Dimensionen gehen (z. B. beim Channeln).

Das Pomander-Raumspray »Königsblau« ist für alle Meditationsräume sehr gut geeignet. Auch wenn wir besonders viel Schutz brauchen, können wir es einsetzen. Es nimmt uns die Angst vor Autoritäten und lässt uns in unsere friedliche Ausdruckskraft zurückfinden.

Meine Sensitivität ist ein Geschenk, und ich nehme es jetzt an.

Pomander »Violett«

Farbe: Violett
Chakra: Kronenchakra
Duft: würzig mit einem Hauch Süße, wie Wildveilchen
Edelsteinenergie: Amethyst, Charoit
Pflanzenenergie: 42 Anteile aller Farben und 7 Anteile an der Farbe Violett zugeordneten Pflanzen, z. B. Veilchen, Lavendel

Basisthema: Transformation und Ganzheit auf allen Ebenen

Wirkung:

- beruhigt uns und bringt uns zurück in unsere Ganzheit
- stärkt unsere Verbindung mit der Geistigen Welt und der Schöpferkraft
- unterstützt alle Transformationsprozesse
- ein guter Begleiter für die Meditation
- lässt uns Zugang zu unserer Spiritualität finden
- tröstet bei Abschieden oder im Trauerfall
- schützt uns vor Täuschungen und Illusionen
- tröstet Kinder, die durch Tod oder Trennung einen Verlust erlitten haben
- hilft kranken Tieren dabei, sich rasch zu regenerieren

Der violette Pomander unterstützt uns bei allen Heilungsproze… und Formen der Transformation. Er stärkt in uns das Vertrauen, d… immer mit unserer Schöpferquelle und mit der Geistigen Welt verbu… den sind. Er wirkt hilfreich bei allen Meditationen, denn er öffnet unse… Kronenchakra und macht uns für die spirituelle Wahrheit bereit. Mit dem violetten Pomander können wir die wahre Kraft und die Wahrheit im Dienen erkennen. Er verbessert auch die Zusammenarbeit unserer beiden Gehirnhälften und lässt uns in die Einheit finden und in uns selbst ganz werden.

Das Pomander-Raumspray »Violett« eignet sich für alle Meditationsräume, aber auch zur Stärkung der Heilkräfte in Krankenzimmern. Es schafft eine entspannte Atmosphäre und hilft uns während aller Transformationsprozesse dabei, in unserer Mitte zu bleiben. Das Raumspray unterstützt uns in allen Situationen, in denen wir spirituelle Arbeit leisten oder uns mit unserer Schöpferquelle verbinden wollen.

Es ist eine gute Zeit für Veränderung. Von Dankbarkeit erfüllt, nehme ich alle Veränderungen in meinem Leben an.

er »Tiefmagenta«

hrauch
bin, Sugilith
ller Farben und 7 Anteile an der Farbe
lanzen, z. B. Weihrauch, Lavendel

Basisthema: Selbstfürsorge – Regeneration auf allen Ebenen nach einer Überanstrengung

Wirkung:

- Schutz und Regeneration
- schenkt uns neue Kraft, wenn wir sehr erschöpft sind
- hilft uns dabei, fürsorglicher mit uns und unseren Ressourcen umzugehen
- stärkt die Verbindung zwischen unserer rechten und unserer linken Gehirnhälfte
- lässt uns die kleinen, alltäglichen Dinge bewusster wahrnehmen
- lässt uns die göttliche Liebe in unserem Leben erkennen
- gibt uns den Mut, unsere Schattenseiten anzunehmen
- fördert unser Mitgefühl und unser Verständnis für uns selbst und unsere Umwelt
- hilfreich nach Depressionen, um wieder Energie und Mut aufzubauen
- erleichtert den Zugang zu tiefen Meditationen
- unterstützt Kinder, deren Familie auseinanderbricht, darin, sich geschützt und genährt zu fühlen
- hilft Tieren, wenn sie in ein neues Zuhause umziehen

Dieser Pomander wird auch als »Helfer der Therapeuten« bezeichnet. Mit ihm gelingt es uns, in der eigenen Kraft zu bleiben und Mitgefühl statt Mitleid zu entwickeln. Er hilft uns dabei, unsere Energie nicht zu verschwenden, sondern bewusst und verantwortlich mit ihr umzugehen, damit wir sie zu unserem Wohl und dem anderer einsetzen können. Nach energetischen Therapiesitzungen versiegelt er unser Feld wieder. Wenn wir uns verausgabt und mehr gegeben haben, als uns guttut, unterstützt uns dieser Pomander darin, in unsere Kraft zurückzufinden. Er füllt unsere leeren Energiespeicher auf und lässt uns wieder durchatmen. Wir können dank ihm auch erkennen, warum wir immer wieder bereit sind, uns für andere aufzuopfern, und dieses missverstandene Helfersyndrom in die Heilung bringen. Er unterstützt uns darin, uns unbewussten Ängsten zu stellen und sie zu erlösen.

Das Pomander-Raumspray »Tiefmagenta« ist hilfreich, wenn es um die Regeneration auf allen Ebenen geht. Es eignet sich für alle Räume, in denen energetisch gearbeitet wird.

Wenn ich Licht in meine
verborgenen Kammern strahlen lasse,
erwache ich in diesem Licht.

Pomander »Magenta«

Farbe: Magenta
Chakra: über dem Kronenchakra, Verbindung mit dem Seelenstern, zur Unterstützung jedes Chakras geeignet
Duft: sinnlich, subtil, mit einem Hauch Rosengeranie
Edelsteinenergie: Rubin, Wassermelonenturmalin, Opal, rosa Angelit
Pflanzenenergie: 42 Anteile aller Farben und 7 Anteile an der Farbe Magenta zugeordneten Blüten und Pflanzen, z. B. Tuberose, Damaszener-Rose, bulgarische Rose, Rosengeranie, Ylang Ylang

Basisthema: wahre Seelenessenz – Liebe für die kleinen Dinge und Handlungen – Verbindung zwischen Seelenenergie und Körperlichkeit

Wirkung:

› hilft uns dabei, einen tieferen Sinn, Liebe und Freude in unserem Alltag zu finden
› bringt die kosmische Liebe ins Hier und Jetzt
› lässt uns den Schöpferplan hinter unserer Seelenreise durch alle Zeitlinien erkennen
› unterstützt uns darin, Liebe in ihrer reinsten Form zu entwickeln
› lässt uns die Gesetzmäßigkeiten von »wie innen, so außen – wie oben, so unten« in ihrem ganzen Umfang erkennen
› fördert unser Mitgefühl für alles Lebendige
› hilft Kindern dabei, göttliche Liebe im Alltag zu leben und sich behütet zu fühlen
› unterstützt Kinder, ihren ausgefüllten Tagesplan besser zu bewältigen
› verbindet Mensch und Tier auf einer höheren Seelenebene

Dieser Pomander ist tief verbunden mit der Liebe zu den kleinen Dingen, und gerade in unserer Zeit, die so schnelllebig und hektisch ist, unterstützt er uns ganz wunderbar beim Entschleunigen. Wir kommen mit ihm leichter im Hier und Jetzt an. Er hilft uns dabei, unsere Aufmerksamkeit auf die kleinen Freuden und die unscheinbaren Begegnungen des Alltags zu lenken. Bei uns selbst ankommen, staunen, Herzensfreude entwickeln, lieben, was ist, und das Wunder des Lebens wertschätzen – all dies lehrt uns der magentafarbene Pomander. Mit ihm stärken wir die Verbindung zu unserer Seelenessenz, die im übergeordneten Seelenstern liegt, und können unseren Seelenplan auch in unseren irdischen Körper integrieren und all unsere Seelenschätze in diesem Leben umzusetzen. Das Geheimnis eines glücklichen Lebens liegt im Verstehen, dass wir hier auf der Erde im Dienst eines größeren Plans sind. Wenn wir diesen mit der höchsten Liebes- und Dankbarkeitsenergie umsetzen, mit jedem Atemzug unseres Lebens, sind wir angekommen im tiefen, inneren Frieden. Dieser Pomander lässt uns das Himmlische im Irdischen fühlen, und wir gehen wieder wertschätzender und mitfühlender mit unserem Leben und mit allem, was uns umgibt, um.

Das Pomander-Raumspray »Magenta« erfüllt Räume mit der Energie der allumfassenden Liebe und lässt ein Feld des Mitgefühls entstehen. Es eignet sich sehr gut für alle Räume, in denen Menschen zusammenkommen und sich in Achtsamkeit begegnen. Es ist wie ein Hauch von Himmel, der uns mit unserer eigenen himmlischen Seite vereint und unsere Füße tief mit der Erde verwurzelt sein lässt.

Die immerwährende Liebe von oben verbindet mich tief mit meiner himmlischen Seite.

Pomander »Hellkoralle«

Farbe: Hellkoralle
Chakra: zwischen Basis- und Sakralchakra
Duft: blumig-süß
Edelsteinenergie: Koralle
Pflanzenenergie: 42 Anteile aller Farben und 7 Anteile an der Farbe Hellkoralle zugeordneten Blüten und Pflanzen, z. B. Orange, Mandarine, Bergamotte

Basisthema: eine starke Betonung aller Beziehungen zu anderen und zugleich der eigenen Individualität – Verbindung in Liebe und Weisheit mit der Gemeinschaft der Menschen

Wirkung:

› hilft uns dabei, das Leben mit all seinen Facetten zu lieben
› unterstützt uns darin, uns selbst und unsere Einzigartigkeit zu akzeptieren
› vermittelt uns Schutz auf unserem Weg des Erwachens
› tiefe Freude, die in uns verborgen war, strömt in unseren Alltag
› lässt uns ein gemeinsames Ziel des kollektiven Bewusstseins erkennen, auf das wir uns ausrichten können
› hilft Kindern dabei, sich in Gruppen wohler und sicherer zu fühlen
› unterstützt Kinder, die sich ohne Grund ausgeschlossen und alleingelassen fühlen
› unterstützt Tiere darin, sich allen Situationen anzupassen – besonders gut für ängstliche Tiere geeignet

Dieser Pomander stärkt in uns die Liebe und die gelebte Weisheit dieser Liebe. Er hilft uns dabei, Beziehungen aufzubauen und die Kraft, die im kollektiven Miteinander liegt, wieder zu erkennen. Mit ihm bietet sich uns die Chance, aus der Angst in die Liebe und aus emotionalen Abhängigkeiten in die allumfassende Freiheit zu finden. Der spezifische Duft dieses Pomanders heilt die emotionalen Wunden und Verletzungen, die unsere Seele auf ihrer irdischen Reise durchlebt hat, auf einer tiefen Ebene. So, wie jeder neue Morgen in seiner zarten Tönung in Hellkoralle in uns die Hoffnung auf einen Neuanfang zum Erblühen bringt, öffnen wir uns mit jeder Anwendung dieses Pomanders weiter für das Leben mit all seinen Facetten. Er gleicht einer Erinnerung an das Paradies und eine heile Welt, die wir uns alle so sehr wünschen. Er stärkt in uns das Bewusstsein, dass wir ein Teil des kollektiven Erwachens sind, verleiht uns die Kraft, uns als Miterbauer dieser neuen Welt, unseres neuen Paradieses, zu erkennen, und bietet uns die Chance, sowohl als Individuen als auch als Gemeinschaft vom Getrenntsein in die Einheit zurückzukehren.

Das Pomander-Raumspray »Hellkoralle« ist vor allem für Gruppen wundervoll. Überall dort, wo Menschen zusammenkommen und gemeinsam an einem Ziel arbeiten, ist die Energie der Hellkoralle sehr dienlich und nährend. Das Gemeinsame und die Vernetzung stehen dann im Mittelpunkt, und dies fördert ein neues Bewusstsein, das uns in die Zeit des kollektiven Erwachens führt – ein Erwachen hin zu Liebe und gelebter Weisheit.

Ich bin ein Teil eines großen Ganzen,
und ich nehme meinen Platz
voller Liebe und Weisheit ein.

Pomander »Limonengrün«

Farbe: Limonengrün
Chakra: Herzchakra
Duft: frisch, zitronig
Edelsteinenergie: Smaragd, Chrysopras, Wassermelonenturmalin, schwarzer Turmalin
Pflanzenenergie: 42 Anteile aller Farben und 7 Anteile an der Farbe Limonengrün zugeordneten Blüten und Pflanzen, z. B. Koriander, Limette, Rosengeranie

Basisthema: Freiheit – Ausdehnung – Verbindung mit dem inneren Heiligen Gral

Wirkung:

- eine prickelnde Energie, die uns neue Frische beschert
- lässt uns in der Gegenwart sein
- unterstützt uns darin, unsere Schatten zu transformieren
- bringt uns die motivierende Vibration, die jedem Neuanfang innewohnt
- Befreiung und Leichtigkeit für unser Herz- und unser Emotionalfeld
- verbindet uns mit der Energie des allumfassenden Mitgefühls, vor allem für uns selbst
- stärkt die Verbindung zu unserem inneren Heiligen Gral
- unterstützt Kinder bei allen Übergängen und Neuanfängen
- hilft Tieren dabei, schlechte Erfahrungen zu überwinden und wieder zu vertrauen

Dieser Pomander bringt die Schwingung der Erneuerung in unser Energiefeld. Er hilft uns dabei, unseren Fokus ganz auf die Gegenwart zu lenken und eine tiefere Verbindung zu uns selbst aufzubauen. Vergangene Erlebnisse können transformiert werden, und der frische Schwung des Neuanfangs hält Einzug in unser Leben. Die Schatten der Vergangenheit haben nicht länger Macht über uns. Wir umarmen unser Leben und finden in ein tiefes Verständnis unseres individuellen Lebensplans. Dieser Pomander führt uns auch in eine neue Verbindung mit unserer intuitiven, weiblichen Kraft. Wir erkennen, dass das Leben ein Fest ist, das nur darauf wartet, von uns gefeiert zu werden. Er öffnet uns für unbändige Freude und eine positive Lebenssicht. Er durchlichtet auch jedes Chakra, alle energetischen Ebenen, ja, jede einzelne Zelle mit seiner positiven und prickelnden Energie des Neuanfangs. Unser Herz wird von alten Lasten befreit, es kann sich ausdehnen und uns den Weg in unsere innerste Weisheit aufzeigen. Mit diesem Pomander können wir uns mit dem Heiligen Gral in uns tiefer verbinden. Mit ihm geschieht Erneuerung auf allen Ebenen. Nichts kann uns mehr aufhalten, unsere Träume und Visionen zu verwirklichen. Unser emotionales Herz wird so gereinigt, dass nur noch Licht und neuer Schwung für ein zufriedenes und glückliches Leben übrig bleiben.

Das Pomander-Raumspray »Limonengrün« unterstützt alle Räume mit der Kraft der Erneuerung und befreit sie von Schattenenergien. Es flutet sie mit Licht, Leichtigkeit, sonniger Freude und Frische – wie ein zarter Windhauch, der durch einen Limonenhain streicht. Immer wenn wir unsere Herzen mit Mitgefühl und weiblicher, intuitiver Kraft stärken möchten, empfiehlt es sich, das Spray zu versprühen.

Mein Leben ist ein Fest,
das ich mit jedem Atemzug feiere.

Pomander »Rose Pink«

Farbe: Rosenpink
Chakra: höheres Herzzentrum, Sakralchakra
Duft: nach Rosen
Edelsteinenergie: Rosenquarz, Opal, Wassermelonenturmalin, Bergkristall, Rubellit
Pflanzenenergie: 42 Anteile aller Farben und 7 Anteile an der Farbe Rosenpink zugeordneten Blüten und Pflanzen, z. B. Englische Rose, Tuberose, Damaszener-Rose, ein Hauch von Weihrauch

Basisthema: bedingungslose Selbstliebe – wahres Mitgefühl für sich selbst – Lösen von Schuldgefühlen und Freiwerden für die Liebe

Wirkung:

› unterstützt uns darin, uns selbst bedingungslos zu lieben
› öffnet uns für die Liebe und unterstützt uns darin, diese auch anzunehmen
› hilft uns dabei, Schuldgefühle zu transformieren und uns dadurch zu befreien
› lehrt uns, das Leben einfach zu lieben, ohne Bedingungen zu stellen
› nährt in uns Mitgefühl und Selbstfürsorge
› lässt uns barmherzig mit uns und unserem Schicksal sein
› hilft uns dabei, den Weg der Liebe zu gehen
› unterstützt Kinder darin, sich unter fremden Menschen wohlzufühlen
› hilft Kindern dabei, mit Verlusten besser zurechtzukommen
› unterstützt Tiere darin, leichter mit Menschen umzugehen

Dieser Pomander hilft uns dabei, eine gesunde und nährende Selbstliebe zu entwickeln, die getragen ist von Mitgefühl für uns und unsere Lebensumstände. Mit ihm erhalten wir die Chance, uns leichter zu vergeben und alte Schuldgefühle loszulassen. Er deckt Muster auf, die auf Selbstzweifeln, Selbstvorwürfen und Selbstverleugnung basieren, und unterstützt uns bei ihrer Transformation. Eine tiefe Entspannung und innerer Frieden entstehen in uns, und wir schauen wieder liebevoller auf uns selbst. Dieser Pomander stärkt auch unsere Verbindung mit der Erde. Wenn wir durch emotional oder spirituell herausfordernde Zeiten gehen, wirkt er wie ein Schutzschild. Mit ihm können wir uns mit unseren wahren Zielen verbinden und die Schönheit der bedingungslosen Liebe auf völlig neue Weise genießen. Mit jeder Anwendung dieses Pomanders haben wir das Gefühl, in neue Höhen getragen zu werden. Wir erkennen die Vielfalt der Unendlichkeit und bekommen einen Überblick über den Plan der Schöpfung.

Ich bin frei und gestatte jedem
seine eigene Freiheit. Das führt mich tief
in meine Liebe zu mir selbst.

Die Quintessenzen (auch »Meisteressenzen« genannt)

Im Aura-Soma-Farbsystem gibt es 15 Quintessenzen, die den Equilibrium-Flaschen B 50 bis B 64 entsprechen und uns mit der hilfreichen Energie der Aufgestiegenen Meister verbinden. Während die Pomander schützend, klärend und reinigend auf unser Energiefeld wirken, verbinden uns die Quintessenzen mit den positivsten Energien der einzelnen Farbstrahlen. Sie unterstützen uns darin, die Energien der Farbstrahlen in uns zu entdecken und ihre höchste Kraft zu entwickeln. In den Quintessenzen, die die hoch schwingenden Energien der Edelsteine und der Pflanzen, zusätzlich aber auch die Informationen der Aufgestiegenen Meister enthalten, begegnen uns die Farbstrahlen fast ausschließlich in ihrer lichtdurchfluteten, pastelligen Version. Durch die Anwendung der Quintessenzen erfahren wir eine tiefe Verbundenheit mit der Energie des Meisters, der Meisterin oder des Meisterpaars, die auf den entsprechenden Farbstrahlen wirken. Sie helfen uns dabei, den Meister in uns selbst wahrzunehmen und ihn aus den Verstrickungen des Lebens heraus zu entwickeln.

Die Quintessenzen nähren und stärken unsere Emotionalebene und geben uns das Vertrauen in unsere eigene Vollkommenheit zurück. Sie alle basieren auf der Energiefrequenz der Farbe Rosa, weil diese Farbe unsere energetischen Felder für die Meisterenergie aufnahmebereiter macht. Wie zu den Pomandern gibt es auch zu allen Quintessenzen die passenden Raumsprays.

Auswahl und Anwendung der Quintessenzen

Für Sie selbst

Die Farbe des unteren Teils Ihrer Equilibrium-Flasche gibt Ihnen einen Hinweis auf die für Sie richtige Meisteressenz. Sie können Ihre Quintessenz nach Ihrem Thema auswählen oder sich von Ihren Sinnen leiten lassen und die Essenz wählen, deren Farbe oder Geruch Ihnen am besten gefällt. Oder Sie greifen einfach zu der Essenz, zu der Sie sich am stärksten hingezogen fühlen. Dies ist ein Hinweis darauf, dass der entsprechende Meister Sie ruft.

Geben Sie 3 Tropfen der Quintessenz auf das linke Handgelenk, und verreiben Sie sie mit dem rechten Handgelenk. Fächeln Sie die Essenz in einem Abstand von einigen Zentimetern vom Kopf bis hinunter zur Erde in Ihre Aura ein. Stellen Sie sich vor, wie Sie damit der Bereitschaft zur Entwicklung Ihrer inneren Meisterschaft Ausdruck verleihen. Beenden Sie die Bewegung in einer Aufwärtsspirale, die an Ihrer Mittelachse von den Zehen zur Krone und über Ihren Kopf hinaus führt. Atmen Sie die Essenz dann 3 Mal von Ihren Handgelenken tief in Ihren inneren Tempel ein. Sie können die Quintessenz zur Verstärkung auch auf Ihre Schläfen oder hinter den Ohren auftragen.

Für Ihr Kind oder Ihr Tier

Für Auswahl und Anwendung der Quintessenzen gelten dieselben Hinweise wie für die Pomander (siehe S. 8 f.).

Quintessenz »El Morya«

Farbstrahl: Hellblau
Chakra: Kehlkopfchakra
Duft: blumig
Edelsteinenergie: Bergkristall, Selenit
Pflanzenenergie: Lorbeer, Kajeput

Basisthema: Loslassen der eigenen Bedürfnisse

Wirkung:

- hilft uns dabei, zu erkennen, dass wir für den Frieden und die friedliche Kommunikation auf der Erde sind
- lässt uns tief sitzende Mutter- oder Vaterthemen betrachten
- unterstützt uns darin, Blockaden in unserem Ausdruckszentrum zu durchleuchten
- lässt uns den göttlichen Plan erkennen und hilft uns auch, uns mit der Erkenntnis wohlzufühlen
- bringt uns in Frieden mit uns selbst und unserem Leben
- unterstützt Kinder bei Herausforderungen mit Autoritätspersonen
- hilft Tieren in der Prägephase dabei, ihren Menschen zu akzeptieren

Wann immer wir streng zu uns sind, unterstützt uns diese Quintessenz dabei, wieder Milde und Verständnis für uns und unsere Bedürfnisse zu entwickeln. Sie bringt uns Frieden und Schutz, sodass wir lernen, in unserem Getriebensein innezuhalten. Wir verstehen, dass wir weder uns noch anderen etwas beweisen müssen. Durch die friedliche und schutzbietende Energie, die El Morya uns zufließen lässt, können wir uns mit allen Themen, die unsere Angst vor autoritären Menschen betrifft, auseinandersetzen und sie klären. Diese Quintessenz verbindet uns mit dem All-eins-Sein und fördert in uns den nährenden Aspekt der Mutter und die Weisheit des Vaters. Unsere männlichen und weiblichen Anteile werden harmonisiert, was uns in die Ganzheit und in unseren Frieden kommen lässt. El Morya unterstützt uns darin, unsere Kommunikation weiterzuentwickeln und einen friedlichen Ausdruck für unsere innere Wahrheit zu finden.

Das Quintessenz-Raumspray »El Morya« lässt sich sehr gut für die Meditation einsetzen. Es ist auch hilfreich für alle Räume, in denen es um friedliche Kommunikation geht. Zudem bringt es uns in unseren Wohnräumen Schutz und Frieden.

Weil in mir Frieden herrscht,
entsteht auch Frieden um mich herum.

Quintessenz »Kuthumi«

Farbstrahl: Hellgelb
Chakra: Solarplexuschakra
Duft: süß nach Blüten
Edelsteinenergie: Topas, Citrin
Pflanzenenergie: Jasmin, Rose, Heckenkirsche

Basisthema: Stärkung der Kommunikation und Verbindung zwischen Menschen, Engeln und Devas

Wirkung:

› unterstützt alle, die mit Engeln und/oder Naturwesen in tieferen Kontakt treten wollen
› vermittelt uns Leichtigkeit und Lebensfreude
› hilft uns dabei, uns in unserem Leben wohlzufühlen, und gibt uns den Mut, unser Licht erstrahlen zu lassen
› Dem göttlichen Plan wird erlaubt, ins Sein zu treten.
› unterstützt uns darin, Existenzängste zu erlösen
› unterstützt Kinder bei ihrer Verbindung mit der Natur
› hilft Kindern dabei, zu Zahlen und Mathematik leichter Zugang zu finden
› unterstützt Tiere, die zu Einzelgängertum neigen, darin, Artgenossen zu akzeptieren

Diese Quintessenz unterstützt uns vor allem dann, wenn wir mit den Engeln und/oder den Naturwesen kommunizieren wollen. Sie vermittelt uns die Leichtigkeit und den freudvollen Umgang mit uns selbst und allem Lebendigen. Indem wir die Zusammenhänge in allen zwischenmenschlichen Beziehungen durchschauen, verstehen und kreativ mit ihnen umgehen, können wir Strenge und Anspannung in diesen Beziehungen erlösen. Mit Kuthumi finden wir in unsere Lebensfreude zurück und lernen, unser Leben aus der Perspektive der Freude zu sehen. Diese Quintessenz lässt die Sonne in uns wieder erstrahlen.

Das Quintessenz-Raumspray »Kuthumi« eignet sich besonders für alle Räume, in die wieder Licht, Freude und Fröhlichkeit einziehen sollen. Außerdem ist es sehr gut geeignet, wenn wir uns mit den Engeln, Erzengeln, Meistern oder den Devas und Naturwesen verbinden wollen. Es zaubert die Energie eines wunderschönen Sommertags in jeden Raum und durchflutet unser Herz mit Leichtigkeit und Fröhlichkeit.

Durch mich verbinden sich das Reich
der Engel und das der Naturwesen.
Ich bin ein Bindeglied
der göttlichen Kommunikation.

Quintessenz »Lady Nada«

Farbstrahl: Hellrosa
Chakra: Stirnchakra (Drittes Auge), höheres Herzzentrum
Duft: nach Englischen Rosen
Edelsteinenergie: Rosenquarz, Wassermelonenturmalin, rosa Angelit
Pflanzenenergie: Rosengeranie, Gardenie, Orange

Basisthema: bedingungslose Liebe – Selbstliebe – Selbstannahme

Wirkung:

- verbindet uns mit der bedingungslosen Liebe zu uns selbst
- bringt uns Sanftheit und Liebe
- hilft uns dabei, mit destruktiven und negativen Gefühlen umzugehen und sie zu klären
- verleiht uns Kraft und Mitgefühl, damit wir uns verzeihen können
- hilft uns dabei, unsere Beziehungsfähigkeit zu stärken
- unterstützt das Hören auf einer tiefen inneren Ebene
- öffnet uns für Musik und Klang
- schenkt Kindern Geborgenheit und Liebe, besonders wenn sie sich allein und ungeliebt fühlen
- unterstützt ausgesetzte und misshandelte Tieren darin, wieder Vertrauen zu entwickeln

Diese Quintessenz stärkt unsere Verbindung mit der Energie der bedingungslosen Liebe. Sie zeigt uns, wo wir uns selbst von dieser Liebe ausschließen, und unterstützt uns dabei, unser Herz wieder für uns zu öffnen. Alter Groll und Unversöhnlichkeiten, die sich hauptsächlich gegen uns selbst richten, werden mithilfe dieser Quintessenz geklärt und erlöst. Wir befreien unsere Aura von allen Energien, die uns nicht mehr nützlich sind. Wir werden wieder gehört und können auch besser zuhören. Diese Quintessenz erschafft einen Raum der Liebe um uns und lässt uns den Mut entwickeln, für uns und unsere Kraft einzustehen. Sie unterstützt uns bei allen Themen, die mit dem Empfangen und dem Geben von Liebe zu tun haben.

Das Quintessenz-Raumspray »Lady Nada« eignet sich für alle Räume, in die mehr Liebe einziehen soll. Außerdem ist es sehr empfehlenswert für Kindergruppen, Warteräume und alle Wohnräume. Auch in Konzertsälen, Ballett- und Theaterräumen, in denen mit dem musikalischen Ausdruck gearbeitet wird, kann das Spray eingesetzt werden. Es wirkt gut gegen Lampenfieber.

Tipp: Diese Quintessenz ist besonders hilfreich, wenn wir tiefer in Musik eintauchen wollen. Fächeln Sie sie vor Ihrem nächsten Konzertbesuch in Ihre Aura ein. Sie werden Klänge vernehmen, die Ihnen normalerweise nicht bewusst zugänglich sind.

Ich bin reine Liebe.

Quintessenz »Hilarion«

Farbstrahl: Hellgrün
Chakra: Herzchakra
Duft: frisch und leicht, nach Zitrone und Zitronengras
Edelsteinenergie: Smaragd, Chrysopras, Chrysokoll, schwarzer Turmalin
Pflanzenenergie: Zitronengras, Pinie, Zeder

Basisthema: der Weg, die Wahrheit und das Licht

Wirkung:

- hilft uns dabei, neue Möglichkeiten und Wege wahrzunehmen
- kann der Schlüssel zu unserem Herzen sein
- gibt uns innere Klarheit, wenn Entscheidungen anstehen, damit wir den für uns richtigen Weg finden
- erschafft in uns ein Gefühl von Weite und Raum
- Wir lernen, uns selbst besser zu verstehen und auf unsere Herzenswünsche zu hören.
- bietet uns die Chance, im Hier und Jetzt einen neuen Raum zu betreten und alte Identifikationen zu erlösen
- hilft Kindern dabei, ihre Wahrheit und auch die Wahrheit im Allgemeinen auszusprechen
- unterstützt Tiere darin, ihren Raum innerhalb einer bestehenden Gruppe einzunehmen
- hilft Tieren, die lange eingeschlossen waren, dabei, sich an die Freiheit zu gewöhnen

Diese Quintessenz unterstützt uns auf der Suche nach der Wahrheit in unserem Herzen. Dank ihr finden wir in unser Herz und können die Wahrheit ausdrücken, die wir in ihm entdecken. Hilarion zeigt uns, dass es immer mehr als einen Weg und eine Wahrheit gibt. Diese Quintessenz schützt uns vor (Selbst-)Betrug und hilft uns aus betrügerischen Situationen heraus. Sie ist wie ein Schlüssel, der uns neue Tore öffnet. Außerdem unterstützt sie uns darin, uns den angemessenen Raum für die Entwicklung unseres Herzens zu geben und uns selbst besser zu verstehen. Mit dieser Quintessenz können wir unserem Leben wieder eine klare Richtung geben.

Das Quintessenz-Raumspray »Hilarion« lässt in uns Gefühle von Weite und Freiheit entstehen und ist immer dann hilfreich, wenn es um das Erkennen von neuen Wegen geht oder wenn ein Neuanfang bevorsteht. Es unterstützt uns in zu engen Räumen darin, uns das Gefühl von Freiheit zu bewahren. Es erfrischt und desinfiziert die Luft und erschafft einen Raum, in dem sich unsere Herzensqualitäten entwickeln dürfen.

Ich erkenne die Wahrheit
meines Herzens und folge ihr.

Quintessenz »Serapis Bey«

Farbstrahl: Weiß und/oder Klar
Chakra: alle Chakras
Duft: würzig, herb
Edelsteinenergie: Opal, Bergkristall, Danburit
Pflanzenenergie: Bay, Orange, Weihrauch

Basisthema: Klarheit und Reinigung auf allen Ebenen – karmische Absolution

Wirkung:

› hilft uns dabei, zu verstehen, dass es keinen wahren Grund für seelisches Leiden gibt
› befreit uns von alten Lasten und Mustern und öffnet uns für einen Neuanfang
› lässt uns das Gesetz der Resonanz verstehen
› unterstützt die Entgiftung auf allen Ebenen, auch die unseres feststofflichen Körpers
› unterstützt uns darin, Kristalle, mit denen wir arbeiten, zu reinigen und neu zu programmieren
› wirkt wie reines Licht, das tief in unsere innersten Schichten eindringt und alles erhellt, was im Schatten liegt
› unterstützt Kinder in allen Prozessen, in denen sie leiden
› hilft Tieren, besonders bei Parasitenbefall

Diese Quintessenz hilft uns dabei, Schmerzen und Konflikte auf jeder Ebene zu verstehen. Sie macht uns bewusst, aus welchem Grund wir glauben, im Leiden gefangen bleiben zu müssen. Dieses Verständnis enthält die Chance, uns aus der Energie des Leidens zu befreien. Die Quintessenz unterstützt uns auch darin, unsere energetischen Felder zu reinigen, und lässt eine kristallklare Energie in uns und unserem Umfeld entstehen. Zu Beginn eines Projektes eingesetzt, lässt sie uns eine klare Richtung einschlagen und den Fokus auf unser Ziel gerichtet halten. Wenn wir mit Kristallen arbeiten und sie einsetzen, klärt die Essenz diese. Sie unterstützt uns auch darin, die Energie der Klarheit in uns zu finden und zu entwickeln, und stärkt in uns das Vertrauen, wahrhaftig und von Licht erfüllt zu sein.

Das Quintessenz-Raumspray »Serapis Bey« eignet sich für die energetische Reinigung von Räumen und Gegenständen. Es ist auch sehr unterstützend, es vor und nach Meditationen oder energetischen Behandlungen einzusetzen, denn es klärt den Raum. Für alle Zimmer, in denen Klarheit und Wahrhaftigkeit gefordert sind, ist dieses Spray empfehlenswert.

Tipp: Ich nehme die Quintessenz »Serapis Bey« immer mit auf Reisen und reinige mein Umfeld damit. Sie vermittelt sehr viel Schutz. Nach der Anwendung fühlt es sich so an, als stünde man in einer weißen Lichtkugel, unsichtbar für alle uns nicht so wohlgesonnen Wesen.

Mein Licht erreicht jeden noch so verborgenen Winkel.

Quintessenz »Christus«

Farbstrahl: Tiefrot
Chakra: Basischakra
Duft: nach warmem Holz
Edelsteinenergie: Rubellit, Karneol, Rubin-Zoisit, Blutstein, Rhodolith
Pflanzenenergie: Rose, Myrrhe, Lavendel

Basisthema: tiefer Schutz und Hingabe an das Leben – bedingungslose Annahme des Menschseins

Wirkung:

› gibt uns Kraft und Mut, unser Leben so anzunehmen, wie es ist
› unterstützt unsere Verbindung mit dem Erdstern und unsere Verwurzelung mit der Erde
› zeigt uns auf, wo wir noch immer unser Kreuz tragen
› hilft uns dabei, die unendlichen Möglichkeiten des Menschseins zu entdecken
› bringt Licht in die irdischen Herausforderungen und unterstützt uns beim Prozess des Erwachens
› erweckt in uns das Christusbewusstsein und erschafft den Raum, dieser Kraft zu begegnen
› hilft Kindern, die sich schwach fühlen, dabei, neue Kräfte zu entwickeln und ihre Pläne umzusetzen
› mildert die Aggression bei Tieren, die sich aus Angst leicht in die Enge getrieben fühlen

Diese Quintessenz unterstützt uns bei allen Themen, die unseren Körper, unsere Lebenskraft und unsere Tatkraft betreffen. Dank ihr können wir uns so annehmen, wie wir sind. Sie gibt uns die Basis zurück, die wir vielleicht im Verlauf unseres Lebens verloren haben. Auf diese Weise bekommen wir genügend Kraft, unser Leben wieder anzunehmen und zu umarmen. Die Quintessenz hilft uns dabei, uns neu oder tiefer mit der Erde zu verbinden und unseren Erdstern zu aktivieren. Alle Auseinandersetzungen, die sich aufgrund der materiellen Seite des Lebens ergeben haben, werden mit ihr beleuchtet und geklärt. Christus fordert uns auf, in die Energie der Dankbarkeit und des Verstehens zu finden. Wir sollen und dürfen unseren Körper lieben.

Das Quintessenz-Raumspray »Christus« ist für alle Räume geeignet, in denen es um Umsetzung und Manifestation geht. Es hilft uns auch dabei, unsere männlichen und weiblichen Energien zu harmonisieren.

Mein Körper ist der Tempel
meiner unsterblichen Seele.
Ich achte meinen Körper.

Quintessenz »Saint Germain«

Farbstrahl: Hellviolett
Chakra: Kronenchakra
Duft: nach Veilchen
Edelsteinenergie: Amethyst, Charoit
Pflanzenenergie: Flieder, Lavendel, Gardenie

Basisthema: Transformation auf allen Ebenen – Ganzwerdung – Unterstützung bei der Trauerarbeit

Wirkung:

- bringt uns stärker in Kontakt mit unserer Schöpferquelle
- öffnet die Tore, damit wir unsere wahre Spiritualität erwecken können
- tröstet uns bei allen Verlusten und hilft uns dabei, loszulassen
- balanciert unsere beiden Seiten aus, die männliche und die weibliche
- hilft uns in der Energiearbeit dabei, dass die Energien durch uns wirken bzw. fließen können
- unterstützt uns während einer Krankheit, damit wir Kraft für eine schnelle Genesung entwickeln und die Zuversicht nicht verlieren
- tröstet Kinder, die einen Verlust erlitten haben
- unterstützt kranke Tiere darin, leichter in ihre Balance und Ganzheit zurückzufinden

Diese Quintessenz unterstützt uns bei allen Transformationsprozessen. Saint Germain lässt in uns Leichtigkeit entstehen, und mit seiner Hilfe erkennen wir, dass spirituelle Entwicklung und Spaß sich nicht ausschließen. In der Energie von Freude und Leichtigkeit ist eine Entwicklung überhaupt erst möglich. Mit dieser Quintessenz lernen wir, mit Trauer und Verlusten umzugehen. Sie zeigt uns auch, wie wir in die spirituelle Kraft des Dienens finden. Dank ihr können wir unsere Selbstheilungskräfte entwickeln und sie für unser höchstes Wohl einsetzen. Außerdem öffnet sie uns einen neuen Zugang zu unserer eigenen Spiritualität und stärkt die Verbindung zu unserer Schöpferquelle. Wir schöpfen wieder das Vertrauen, dass wir niemals allein sind.

Das Quintessenz-Raumspray »Saint Germain« ist für alle Räume geeignet, in denen spirituelle Arbeit geleistet wird, sowie für alle Zimmer, in denen energetische Heilung geschieht. Die wunderbare Leichtigkeit, die dieses Spray verströmt, lässt uns in eine Energie von Hoffnung und Zuversicht finden. Wir fühlen uns energetisch genährt und gestärkt und entwickeln die Kraft für Transformation und Ganzwerdung.

Meine Spiritualität und meine Heilkraft dürfen sich in Freude und Leichtigkeit entfalten.

Quintessenz »Pallas Athene und Aeolus«

Farbstrahl: Hellmagenta
Chakra: das 8. Chakra, der Seelenstern über der Krone
Duft: zart und leicht pudrig
Edelsteinenergie: Rosenquarz, Wassermelonenturmalin, rosa Angelit
Pflanzenenergie: Rosengeranie, Bitterorange, Bergamotte, Tuberose, Jasmin

Basisthema: Verständnis und Liebe für die kleinen Handlungen des Alltags – Befreiung der kreativen Kräfte

Wirkung:

› lässt uns in die Energie der Fülle finden
› unterstützt unseren kreativen Ausdruck und fördert unser Verständnis für Schönheit
› hilft uns dabei, uns an unsere Träume zu erinnern und sie zu interpretieren
› verbindet uns mit unserem Seelenstern
› öffnet uns für die Achtsamkeit und die bedingungslose Liebe zu allem Lebendigen
› öffnet unseren Blick für das Wesentliche im Leben
› hilft Kindern dabei, zufriedener zu sein mit dem, was sie haben
› unterstützt die liebevolle und achtsame Verbindung zwischen Mensch und Tier

Diese Quintessenz lässt uns die Schönheit in den kleinen Begebenheiten des Lebens erkennen. Sie verbindet uns mit unserem Seelenstern und bringt die göttliche Liebe zu uns. Wir erkennen, dass es immer unsere Entscheidung ist, das Leben mit all seinen Geschenken zu lieben und aus dieser Liebe heraus Größeres zu erschaffen oder eben uns in unserem Fortschritt durch destruktive Energien zu behindern. Diese Quintessenz unterstützt uns darin, die Botschaften unserer Träume zu entschlüsseln und in die nicht beurteilende, bedingungslose Liebe zu uns und allen anderen Lebewesen zu finden. Wir erkennen durch die Arbeit mit diesem Meisterpaar die Schönheit in uns.

Das Quintessenz-Raumspray »Pallas Athene und Aeolus« eignet sich für alle Räume, in denen mehr Verständnis und Liebe gebraucht werden. Es unterstützt uns bei der Meditation und auch bei allen kleinen, alltäglichen Handlungen.

Tipp: Probieren Sie das Raumspray einmal beim Hausputz aus, und spüren Sie hinein, was sich in Ihrem Zuhause verändert. Werden Sie sich bewusst, wie wichtig es ist, in welcher Energie Sie Ihre Arbeit verrichten, denn das Sie umgebende energetische Feld richtet sich an Ihnen aus.

Jedes noch so kleine Lebewesen ist es wert, geachtet zu werden. Jeder meiner Gedanken und jede meiner Handlungen verdient meine Achtsamkeit. Ich achte das Leben.

Quintessenz »Orion und Angelika«

Farbstrahl: Rosa
Chakra: höheres Herzzentrum
Duft: sehr fein, blumig
Edelsteinenergie: Rosenquarz, Wassermelonenturmalin
Pflanzenenergie: Zitronengras, Orange, Ylang Ylang, Jasmin

Basisthema: innere und äußere Reisen – Abschluss und Neuanfang

Wirkung:

› dem Leben wieder mit Vertrauen begegnen und uns in uns selbst geborgen fühlen
› hilft uns dabei, uns nach der Meditation zu erden und vollständig im Körper anzukommen
› stimmt alle unsere feinstofflichen Körper aufeinander ab
› ein wunderbarer Begleiter auf allen Reisen
› gibt uns die Kraft, etwas zu beenden, und für einen Neuanfang
› befreit uns von Negativität und Unreinheiten auf einer sehr tiefen Ebene
› hilft Kindern, die von einem Umzug betroffen sind, diesen leichter zu verkraften und sich besser einzugewöhnen
› Tiere fühlen sich schneller in ihrem neuen Zuhause geborgen und heimisch.

Diese Quintessenz ist besonders hilfreich bei allen Reisen – sowohl inneren als auch äußeren. Wenn wir durch unterschiedliche Zeitzonen fliegen, unterstützt uns diese Quintessenz darin, einen Jetlag zu vermeiden. Sie bringt Licht in unseren Astralkörper und begleitet uns auch bei allen Projekten. Mithilfe dieses Meisterpaars entwickeln wir Mitgefühl und Verständnis für die Sicht anderer. Die Quintessenz verbindet uns mit der Kraft der Selbstliebe und hilft uns, auch unsere Mitmenschen aus den Augen der Liebe zu betrachten. Sie ist die Essenz bei Liebeskummer, damit wir nicht in der Energie der Schuldzuweisungen festhängen, sondern uns vor allem selbst vergeben und neu verlieben können.

Das Quintessenz-Raumspray »Orion und Angelika« ist für alle Räume sehr gut geeignet, weil es uns mit der Energie der Selbstliebe und der Selbstakzeptanz verbindet. Besonders in Räumen, in denen neue Projekte beschlossen werden, sollte es versprüht werden. Es gibt Kindern ein Gefühl von Geborgenheit und Vertrautheit.

Die Liebe ist die Energie,
die meinen Neuanfang nährt.

Quintessenz »Lady Portia«

Farbstrahl: Hellgold
Chakra: Inkarnationsstern, zwischen Sakral- und Solarplexuschakra
Duft: süßlich, sinnlich
Edelsteinenergie: Orangencalcit, Topas, Citrin
Pflanzenenergie: Färberdistel, Geißblatt, Orange

Basisthema: Loslassen von Be- und Verurteilungen, besonders sich selbst gegenüber – Verbindung mit der inneren Weisheit

Wirkung:

- fördert unseren Selbstwert und unser Selbstvertrauen
- lässt uns in Kontakt mit der Energie der Fülle treten
- hilft uns dabei, Be- und Verurteilung sowie jegliche Schuldzuweisungen hinter uns zu lassen
- lässt uns die Ursachen für tief sitzende Ängste erkennen und erlösen
- unterstützt uns bei der Lösung aus Süchten und Abhängigkeiten
- verhilft uns zu Großzügigkeit uns selbst gegenüber
- lässt uns liebevoller und milder mit uns und unserem Umfeld werden
- unterstützt Kinder, die unter einem zu geringen Selbstwert leiden
- balanciert die Gemüter von Tiere aus, die aufgrund einer Schwächung ihres Selbstwertes aggressiv reagieren

Diese Quintessenz unterstützt vor allem jene, die ständig etwas an sich auszusetzen haben und sich nicht so annehmen können, wie sie sind. Dank ihr finden wir aus der destruktiven Energie von Selbstverurteilung heraus. Sie ermöglicht uns einen klaren Blick auf die Fakten und lässt uns in eine neue Verbindung mit unserer inneren Weisheit finden. Wir entdecken unseren Selbstwert und die Fülle, die immer in uns vorhanden ist. Dadurch können wir einen neuen Weg in der Energie von Selbstachtung und Wertschätzung für uns und unser Leben einschlagen. Mit der Unterstützung von Lady Portia erkennen wir den Grund für unsere Abhängigkeiten und erhalten einen Hinweis auf eine Lösung dieser Situation. Wir können in unser Gleichgewicht zurückfinden und öffnen auf diese Weise neue Räume der Lebensfreude, der Fülle und des Reichtums in uns und in unserem Umfeld.

Das Quintessenz-Raumspray »Lady Portia« ist für alle Räume empfehlenswert, in denen es um Gerechtigkeit und Barmherzigkeit geht.
In Meditationsräumen hilft es uns dabei, uns leichter mit unserer inneren Weisheit zu verbinden. Es ist auch sehr gut für alle Momente und Situationen geeignet, in denen wir einen Weg aus Beurteilungen finden möchten, oder wenn wir Fülle und Reichtum anziehen und aktivieren möchten.

In mir liegt das Gold meiner Weisheit.
Ich hebe jetzt diesen Goldschatz.

...e Quintessenz
...Tse und Kwan Yin«

...nge
...kra
Du... ..., nach Orangen
Edelsteine... ...e: Orangencalcit, Feueropal, Karneol
Pflanzenenergie: Mandarine, Bitterorange, Gardenie

Basisthema: Barmherzigkeit und Mitgefühl für sich und den eigenen Lebensweg

Wirkung:

- unterstützt uns darin, mitfühlend mit alten Traumata und Schocks umzugehen und sie zu erlösen
- lässt uns Verständnis für uns und unsere Geschichte aufbringen
- Erlösung auf unserer Zeitlinie (Vergangenheit, Gegenwart und Zukunft)
- Themen mit unserer Ursprungsfamilie können geheilt werden
- lässt uns in eine tiefe Freude über unser Leben kommen
- hilft uns dabei, in einen neuen kreativen Ausdruck zu finden
- lässt uns erkennen, warum wir im Ungleichgewicht sind
- bringt uns eine liebevolle Transformation unserer inneren Haltung
- hilft Kindern, die Schocks und Traumata erlitten haben, dabei, diese zu erlösen und zurück in ihre Mitte zu finden
- schnelle Hilfe für Tiere, die durch einen Schock außer Kontrolle geraten sind

Diese Quintessenz unterstützt uns darin, einen Weg zu mehr Mitgefühl und in Frieden zu finden. Lao Tse und Kwan Yin helfen uns dabei, alle Erlebnisse, die uns aus unserer emotionalen Stabilität gerissen haben, heilen zu lassen. Wir können mit den Erlebnissen aus unserer Vergangenheit Frieden schließen und sie aus der Perspektive des Mitgefühls für alle Beteiligten betrachten. Auch die Verbindung der männlichen und der weiblichen Seite in uns wiederherzustellen, damit wir in eine neue Ganzheit finden können, ist eine der Stärken dieser Quintessenz. Sie unterstützt uns darin, Barmherzigkeit für uns und unsere Dramen zu entwickeln. Die vorherrschende Energie in dieser Quintessenz ist die der Meisterin Kwan Yin. In der Equilibrium-Flasche B60 hingegen dominiert die Energie von Lao Tse.

Das Quintessenz-Raumspray »Lao Tse und Kwan Yi« ist gut für alle Therapieräume geeignet, in denen an der Erlösung und am Loslassen von alten Mustern und Erlebnissen gearbeitet wird. Außerdem ist es hilfreich für alle Wohn- und Arbeitsräume: Es löst die Energie von Streitigkeiten oder Meinungsverschiedenheiten und füllt den Raum anschließend mit Freude, Mitgefühl und Leichtigkeit.

Frieden, Freude und Harmonie dürfen sich in mir entwickeln und ausdehnen.

Quintessenz »Sanat Kumara und Lady Venus Kumara«

Farbstrahl: Hellkoralle
Chakra: zwischen Basis- und Sakralchakra
Duft: würzig, nach Wiesenkräutern
Edelsteinenergie: Orangencalcit, Zinkit, Feueropal, Topas, Karneol, Rubin-Zoisit
Pflanzenenergie: Rose, Pfefferminze, Weihrauch

Basisthema: Unterstützung darin, sich als Teil einer größeren Ordnung wahrzunehmen und die Einheit zu erkennen – Entfaltung des neuen Christusbewusstseins

Wirkung:

› hilft uns dabei, hinter die Schleier der Illusionen zu blicken, und öffnet uns für das höhere Bewusstsein
› unterstützt unseren Selbstwert, besonders wenn wir uns ungeliebt fühlen
› lässt uns den Mut entwickeln, uns mit anderen Lichtarbeitern zu verbinden
› lässt uns das Hermetische Gesetz in seiner ganzen Tiefe verstehen
› hilft uns dabei, den göttlichen Aspekt der Vater- und Mutterprinzipien in uns zu erkennen
› verbindet uns mit der höchsten Ebene der Liebe, die auf die Erde kommt
› unterstützt Kinder darin, Veränderungen in ihrem Leben leichter zu bewältigen
› besonders gut für Tiere, die eifersüchtig sind und um Liebe und Aufmerksamkeit betteln

Diese Quintessenz unterstützt uns darin, uns mit der höchsten Liebe auf der Erde zu verbinden. Das Meisterpaar hilft vor allem Kindern und auch unserem Inneren Kind. Wir verlieren die Angst davor, verletzt zu werden, und kommen aus dem Rückzug in die Verbundenheit mit allem. Mit dieser Energie schließen wir uns leichter mit anderen Lichtarbeitern zusammen und arbeiten am Netzwerk von Licht und Liebe, das hier auf der Erde installiert wird. Auch Enttäuschungen aus der Vergangenheit können wir mit dieser Quintessenz erlösen, vor allem die, die mit dem Gefühl von unerwiderter Liebe zusammenhängen. Die neue Balance setzt viel positive Energie frei, die wir zu unserem eigenen und zum höchsten Wohl der Erde einsetzen können. Diese Quintessenz unterstützt uns darin, uns geborgen und gut behütet zu fühlen.

Das Quintessenz-Raumspray »Sanat Kumara und Lady Venus Kumara« ist besonders hilfreich für Kinder, die gerade eine Veränderung durchlaufen. Dieses Meisterpaar schenkt ihnen Geborgenheit, auch wenn die ihnen bekannte Welt gerade einstürzt. Ob es sich dabei um einen Schulwechsel, einen Umzug oder eine Trennung handelt, Kinder erfahren durch dieses Spray Hilfe. Für alle therapeutischen Sitzungen, in denen mit dem Inneren Kind gearbeitet wird, ist es sehr empfehlenswert. Dies gilt auch für Gruppenmeditationen, vor allem wenn es um das Wohl der Erde oder die Verbindung mit anderen Lichtarbeitern geht.

Tipp: Wenn Sie noch nicht wissen, welcher Aufgestiegene Meister Sie gerade am besten unterstützen kann, greifen Sie zu dieser Quintessenz. Mit ihr finden Sie den »richtigen« Meister für Ihre momentane Situation.

Meine Zartheit ist meine Stärke.
Ich achte meine Sensibilität.

Quintessenz »Maha Chohan«

Farbstrahl: Helltürkis
Chakra: Ananda-Khanda-Zentrum
Duft: süßlich, würzig, herb
Edelsteinenergie: Türkis, Chrysokoll
Pflanzenenergie: Ylang Ylang, Veilchen, Bergamotte, Lavendel

Basisthema: Verbindung zum inneren Lehrer – Wahrheit des Herzens

Wirkung:

- unterstützt den Prozess der Individuation
- verbindet uns mit dem Wissen aus Lemurien
- fördert die spielerische Leichtigkeit des Lebens
- lässt uns kreative Wege finden, über die wir unsere Herzenswahrheit ausdrücken
- gibt uns einen besseren Zugang zu neuen Technologien und Kommunikationsformen
- hilft Kindern dabei, eigene Ausdrucksformen ihrer Kreativität zu entdecken und auf sie zu vertrauen
- unterstützt Tiere darin, sich leichter ihrer Menschenfamilie anzuschließen

Diese Quintessenz stärkt in uns die Kraft des kreativen Ausdrucks. Maha Chohan unterstützt uns bei der Suche nach dem inneren Lehrer und dessen Entfaltung. Mit dieser Quintessenz können wir die leise Stimme in unserem Herzen vernehmen und ihr zum Ausdruck verhelfen. Wir bauen auch eine Brücke zu Inkarnationen in Lemurien und können uns mit der Weisheit dieser Zeit verbinden. Dadurch entsteht eine positive Verstärkung unserer Lichtarbeiterqualitäten. Diese Quintessenz aktiviert Leichtigkeit und spielerische Lebensfreude in uns, und wir bekommen einen tieferen Zugang zum Element Wasser und seinen Bewohnern. Außerdem stärken wir unsere fühlende, dem Wasser zugeordnete Seite.

Das Quintessenz-Raumspray »Maha Chohan« eignet sich für alle Räume, in denen wir kreativ tätig werden. Außerdem ist es für Meditationen ideal, in denen wir uns mit Lemurien und Atlantis verbinden wollen, um Zugang zum alten Wissen dieser Zeiten zu erlangen. Es hilft uns dabei, unsere Wahrheit spielerisch und leicht auszudrücken.

Mein innerer Lehrer darf sich nun in seiner vollen Schönheit entfalten.

Quintessenz »Djwal Khul«

Farbstrahl: Smaragdgrün
Chakra: Herzchakra
Duft: nach Wald
Edelsteinenergie: Malachit, Smaragd, Aventurin
Pflanzenenergie: Rosmarin, Citronella, Färberdistel, Salbei

Basisthema: Suche nach einer objektiven Wahrheit

Wirkung:

› lässt uns erkennen, dass wir uns mehr Raum für uns nehmen dürfen
› hilft uns dabei, Synchronizitäten im Leben zu erkennen
› unterstützt uns in Phasen des Neuanfangs
› stärkt unser Vertrauen in die eigenen Gefühle
› unterstützt uns bei der Suche nach einer objektiven Wahrheit
› klärt unseren Raum, damit wir eine neue Richtung einschlagen können
› hilft Kindern dabei, ihren Raum zu finden, und lässt sie Grenzen leichter akzeptieren
› eine Hilfe für Tiere, die sich schwer damit tun, Grenzen einzuhalten

Diese Quintessenz unterstützt uns bei der Suche nach der objektiven Wahrheit, die über unsere subjektive Wahrheit hinausreicht. Es geht dabei um alle Fragen, die mit den Themen »Raum« und »Ausdehnung« weit über die irdischen Grenzen hinaus zu tun haben. Die Quintessenz verbindet uns auch mit unserem Herzensraum und der in ihm liegenden Wahrheit. Sie hilft uns dabei, uns unseren Raum zu nehmen und unsere Wahrheit auszuleben. Djwal Khul unterstützt vor allem Menschen, die sich mit Astrologie und der spirituellen Wahrheitssuche befassen. Mithilfe dieser Quintessenz können wir unseren Herzensraum klären. Diese Klarheit stärkt in uns die Kraft, Entscheidungen zu treffen und neue Richtungen auf unserem Lebensweg einzuschlagen.

Das Quintessenz-Raumspray »Djwal Khul« eignet sich für alle Räume, in denen an astrologischen Fragen gearbeitet wird, oder, wenn es um neue Raumkonzepte geht. Wenn wir uns eingeengt fühlen und das Bedürfnis nach Weite haben, ist dieses Spray eine wunderbare Unterstützung. Auch bei allen Prozessen der Wahrheitssuche und in Räumen, in denen wir unserer Herzensstimme näher kommen wollen, kann es eingesetzt werden. Wenn wir neue Wege finden oder nach Lösungen für alte Herausforderungen suchen möchten, eignet es sich ebenfalls.

Licht durchflutet mein Herz und erlöst es von jeglicher Schwere.

Quintessenz »Heiliger Gral und Solarer Logos«

Farbstrahl: Helloliv
Chakra: Übergang vom Solarplexus- zum Herzchakra
Duft: nach Zitronengras
Edelsteinenergie: Smaragd, Wassermelonenturmalin, schwarzer Turmalin
Pflanzenenergie: Rosengeranie, Bergamotte, Lavendel

Basisthema: Verbindung mit der fühlenden Seite – Empfänglichkeit für die eigene Herzenswahrheit

Wirkung:

- hilft uns, zu erkennen, dass alles, was wir im Außen suchen, bereits in uns vorhanden ist
- lässt uns eine tiefe Verbindung mit unserer fühlenden Seite eingehen
- bringt uns in Kontakt mit dem Heiligen Gral in unserem Herzen
- hilft uns, uns mit der Weiblichkeit auszusöhnen – sowohl in uns als auch in unserem Umfeld
- stärkt die Verbindung mit unserer Schöpferquelle
- unterstützt Kinder, die sehr sensibel sind, darin, Ruhe und Stabilität in sich selbst zu fühlen
- stärkt das Vertrauen bei Tieren, die negative Erfahrungen mit Menschen oder Artgenossen gemacht haben

Diese Quintessenz verbindet uns mit unserer weiblichen Seite, unserem Einfühlungsvermögen und unserer Intuition und bringt uns in Kontakt mit unserem inneren Heiligen Gral. Wir erkennen mit dieser Quintessenz, dass wir mit dem Sonnenbewusstsein verbunden sind, und können die Brücke zwischen dem inneren Heiligen Gral und dem Sonnenbewusstsein bauen. Sie unterstützt unsere aufnehmende Seite und öffnet uns für die Botschaften aus der Geistigen Welt. Unser weiblicher Aspekt wird mit dieser Quintessenz genährt und gestärkt.

Das Quintessenz-Raumspray »Heiliger Gral und Solarer Logos« eignet sich für alle Räume, in denen die weibliche und nährende Energie gefördert werden soll.

Ich respektiere meine
fühlende, weibliche Seite.
Der Kelch meines Herzens
darf überfließen in die Welt.

Die Farbessenzen

Diese farblosen Essenzen, die Vicky Wall »flüssiges Licht« nannte, werden noch heute nach den alten Rezepturen von ihr hergestellt. Wie bei den Pomandern und Quintessenzen begegnen uns auch in diesen Essenzen die 15 Farbstrahlen. Jede Farbessenz enthält die Energie der entsprechenden Farbe sowie die mindestens einer Pflanze, eines Baumes, eines Minerals sowie eines Kristalls.

Wenn wir uns mit der Erde und ihren Bedürfnissen stärker auseinandersetzen wollen, sind die Farbessenzen sehr hilfreich. Durch sie entwickeln wir eine starke Verbindung mit dem Wesen und der Seele der Erde und können durch die Arbeit mit ihr sehr viel über uns selbst lernen. Wie auch wir Menschen ist die Erde von Adern durchzogen. Diese Leben spendenden Linien werden »Leylines« genannt. Die Erde verfügt auch über ein Chakrasystem. Wenn wir uns auf ihr bewegen, an bestimmten Plätzen meditieren oder uns an einem Ort längere Zeit aufhalten, geht unser Energiesystem in eine stärkere Resonanz mit dem der Erde. Dies kann Energie aufladend oder auch ableitend wirken, und beides kann uns auf unserem Entwicklungsweg sehr unterstützen.

Mit der Erde sind wir jederzeit und überall durch unseren Erdstern verbunden. Dieser kleine Stern, der wie ein geschliffener Kristall aussieht, liegt einige Zentimeter unter unseren Füßen. Er ist unser ständiger Kontakt zur Erde, und durch ihn weiß sie immer, wo wir sind, egal ob wir direkt auf dem Boden stehen, uns in einem Hochhaus oder einem Flugzeug befinden. Diese Verbindung eröffnet uns einen Zugang zu all dem Wissen und der Weisheit, die in der Erde gespeichert sind, und zu allen Erfahrungen aus unseren früheren Inkarnationen. Wir können uns auf der Erde und in unserem Körper wohlfühlen und jederzeit alle Informationen abrufen, die für uns und unsere materielle Seite wichtig sind.

Die Farbessenzen stärken unsere Verbindung zur Erde, ihrem Energiesystem, den gespeicherten Informationen und allen auf ihr beheimateten Lebewesen. Die Erde ist für uns so etwas wie eine riesige Datenbank. Wenn wir über den richtigen Zugang verfügen, öffnen sich die Tore, und wir werden uns bewusst, wer wir sind und warum wir gerade zu dieser Zeit auf der Erde leben. Die Farbessenzen sind also der »missing link« zwischen uns Menschen und unserem Heimatplaneten. Mit ihnen helfen wir vor allem unserem feststofflichen Körper bei all seinen Entwicklungsschritten. Das ist besonders wichtig, denn unser Lichtkörper kann sich nur so schnell und weit entwickeln, wie unser Körper es aushält.

Auswahl und Anwendung der Farbessenzen

Für Sie selbst

Sie können zur Farbessenz auf verschiedenen Wegen finden. Wählen Sie die Farbe, die dem unteren Teil Ihrer Equilibrium-Flasche entspricht. Oder lassen Sie sich von Ihrem Thema oder dem Chakra, das Sie entwickeln möchten, leiten, und suchen Sie die entsprechende Essenz. Sie können auch zu der Farbessenz greifen, deren Farbe Sie am stärksten anspricht, oder die Essenz wählen, die für die Arbeit steht, die Sie für ein Land oder an einem bestimmten Platz ausführen wollen.

Tragen Sie die Farbessenz auf die Akupunkturpunkte, Meridiane und/oder Chakras auf. Sehr gut eignet sich dazu eine Klopfmassage. Benetzen Sie Ihre Fingerkuppen, und klopfen Sie die Energien in Ihr Körpersystem ein. Sie können die Farbessenzen auch dem Badewasser hinzufügen oder für die Natur anwenden, z. B. eine Pflanze oder einen bestimmten Ort damit beträufeln. Wie bei allen Aura-Soma-Produktschätzen gilt auch hier: Sie selbst sind die weiseste Person. Wenden Sie die Farbessenzen entsprechend Ihrem Bedürfnis an.
Die Farbessenzen haben eine Bioalkoholbasis und können bei Bedarf auch in Wasser verdünnt eingenommen werden. Ich arbeite sehr häufig mit diesen Essenzen und nehme sie auch immer wieder pur ein. Für mich ist das eine wunderbare Erfahrung. Bitte entscheiden Sie dies für sich selbst, weil Aura-Soma nur für die äußerliche Anwendung empfohlen ist. Finden Sie die für Sie gültige Wahrheit in Ihrem Inneren.

Für Ihr Kind

Lassen Sie Ihr Kind die entsprechende Farbessenz selbst wählen. Tragen Sie sie (oder Ihr Kind bei sich selbst) so wie bei uns Erwachsenen auf die Akupunkturpunkte, Meridiane, Chakras oder Energiepunkte auf.

Für Ihr Tier

Die Farbessenzen können Sie Ihrem Tier im Trinkwasser oder im Futter zum Einnehmen anbieten oder sie auch auf Akupunkturpunkte oder Energiepunkte auftragen.

Farbessenz »Weiß«

Chakra: alle Chakras
Pflanze: Maiglöckchen
Baum: Magnolie
Kristall: Bergkristall, Mondstein
Mineral: Silber

Basisthema: tiefe Reinigung und Harmonisierung aller Schichten

Wirkung:

- hilft uns dabei, Licht in alle inneren und äußeren Bereiche und in alle Situationen scheinen zu lassen
- lässt uns einen Weg aus Verurteilungen finden, besonders wenn sie uns selbst betreffen
- unterstützt unsere Selbstreflexion
- bringt uns Klarheit und neue Einsichten
- hilft Kindern bei Entscheidungen, z. B. beim Schulwechsel, in eine größere Klarheit zu kommen
- unterstützt Tiere bei allen Formen von Parasitenbefall (Geben Sie täglich einige Tropfen der Farbessenz ins Trinkwasser.)

Die weiße Farbessenz unterstützt uns darin, unsere Energiezentren und unseren feinstofflichen Körper zu reinigen. Sie wirkt auf unser Inneres und Äußeres wie eine Dusche aus reinem weißem Licht. Wenn die Essenz auf die Meridiane und Energiepunkte aufgetragen oder eingeklopft wird, können wir Blockaden des Energieflusses leichter lösen. Die Farbessenz »Weiß« unterstützt auch unseren feststofflichen Körper bei allen Entgiftungs-, Reinigungs- und Entschlackungsprozessen. Mit ihrer Hilfe bringen wir Licht in Situationen, die geklärt werden wollen. Sie wirkt so, als würden wir wieder Licht in lange verschlossene Räume scheinen lassen. Auf der Erde reinigt und aktiviert sie die unterbrochenen oder verstopften Leylines.

Farbessenz »Rosa«

Chakra: Basis-, Sakral- und Herzchakra
Pflanze: rosa Rose, Geißblatt
Baum: Hagedorn
Kristall: Rosenquarz
Mineral: Kalzium

Basisthema: Sehnsucht nach Liebe – Geben und Nehmen

Wirkung:

- Selbstliebe und Selbstakzeptanz
- hilft uns dabei, zu erkennen, wie wichtig es ist, zuerst uns selbst energetisch zu nähren
- öffnet uns für die Liebe, die zu uns fließen möchte – lässt sie uns leichter annehmen
- unterstützt die weibliche, nährende Energie in uns
- unterstützt uns darin, nach seelischen Übergriffen in unser inneres Gleichgewicht zurückzufinden
- hilft Kindern dabei, sich geborgen und geliebt zu fühlen
- fördert die Herzensverbindung zwischen Menschen und Tieren

Mit dieser Farbessenz stärken wir die Energie der Selbstliebe in uns. Sie unterstützt uns darin, Liebe zu empfangen und zu geben und einen Weg aus dem Leiden und dem Selbstmitleid zu finden. Vicky Wall sagte von dieser Essenz, dass sie einfach für die Liebe gemacht sei. In Zeiten, in denen wir uns isoliert und allein fühlen, gibt uns diese Farbessenz ein Gefühl, als wären wir in einen wärmenden Mantel voller Liebe eingehüllt. Wir vertiefen mit ihr auch die liebevolle Verbindung zu unserem eigenen Körper sowie zur Erde, und sie weckt die Bereitschaft in uns, unsere Liebe bewusst für die Erde einzusetzen. Wenn wir die Farbessenz »Rosa« der Erde direkt zur Verfügung stellen, z. B. auf Kraftplätzen, Leylines oder in unserem Garten, können wir uns vorstellen, wie die Energie der Liebe die Erde durchzieht und überall dort zum Wohl eingesetzt wird, wo diese Kraft benötigt wird. Damit trägt jeder Einzelne von uns sehr viel für eine neue Erde bei.

Farbessenz »Rot«

Chakra: Basischakra
Pflanze: Kirschblüte
Baum: Blutbuche
Kristall: Rubin, versteinertes Holz
Mineral: Eisen

Basisthema: Finden der eigenen Kraft – Erwachen – Leidenschaft

Wirkung:

› unterstützt uns darin, unsere Aura stärker aufzubauen und in unsere Kraft zu kommen
› hilft uns dabei, Kraft für die Verwirklichung unserer Pläne in der Materie zu entwickeln
› unterstützt unser Ich-bin-Bewusstsein
› bringt uns ins Hier und Jetzt
› stärkt unseren Lebenswillen und gibt uns Kraft für dieses Leben
› fördert die Verbindung mit unserem Erdstern
› für Kinder, die zu Tagträumerei und Antriebslosigkeit neigen
› stärkt schwache Tiere und solche mit wenig Selbstvertrauen

Mit dieser Farbessenz können wir besser eine tiefe Verbindung mit unserem Körper eingehen. Wenn wir sie anwenden, ist es, als würden wir unsere irdische Inkarnation noch einmal annehmen. Auf diese Weise intensivieren wir auch unsere Verbundenheit mit der Erde und unserem Erdstern. Wenn die Farbessenz auf die Leylines aufgetragen wird, bewirkt dies einen enormen Energieschub für die Erde. Wird sie in Zeiten von Erschöpfung und Lebensüberdruss auf die Handgelenke eingeklopft, unterstützt uns die Essenz darin, wieder zur Kraft und zum Lebensmut zurückzufinden.

Farbessenz »Koralle«

Chakra: Basis- und Sakralchakra
Pflanze: Erdbeere
Baum: Maulbeerbaum
Kristall: Wüstenrose
Mineral: Koralle

Basisthema: Stärkung der Selbstliebe – Verbundenheit mit allem Lebendigen

Wirkung:

› unterstützt uns darin, uns mit anderen Lichtarbeitern zu verbinden
› lässt uns besser mit Zurückweisungen umgehen
› nimmt uns die Angst vor unserer zarten, zerbrechlichen Seite
› öffnet uns für mehr Vertrauen in uns und unsere Fähigkeiten
› verbindet uns mit dem neuen Christusbewusstsein – vor allem in Bezug auf die Erde als unserem Heimatplaneten
› für alle Kinder, die sich ungeliebt und zurückgewiesen fühlen
› unterstützt sehr ängstliche Tiere darin, wieder mehr Vertrauen zu entwickeln – besonders misshandelte Tiere bekommen wieder den Mut, sich Menschen anzuschließen

Mit dieser Farbessenz haben wir die wunderbare Möglichkeit, uns bewusst als einen Teil der neuen Korallenbank Erde zu erkennen und unseren Platz darin einzunehmen. Sie erleichtert es uns, auf den größeren Plan zu vertrauen, und lässt uns den Sinn in unserer Lichtarbeit erfassen. Mit ihr unterstützen wir die Erde darin, mit all dem Missbrauch, dem sie ausgeliefert ist, besser umzugehen. Die Farbessenz »Koralle« ist wie ein Zuspruch von uns an die Erde, dass sie nicht aufgeben soll. Mit dem Anwenden dieser Essenz auf der Erdoberfläche geben wir ihr ein Zeichen dafür, dass es auch Menschen gibt, die Positives für sie tun und sie achten und lieben. Wenn wir diese Farbessenz in unsere Energiebahnen einklopfen, bringen wir alle Themen, die mit Zurückweisung und dem daraus entstandenen Seelenkummer zu tun haben, in die Erlösung. Sie kann auch bei allen tief in unserem Unterbewusstsein gespeicherten Themen, die mit unerwiderter Liebe oder seelischem Missbrauch in Verbindung stehen, sehr hilfreich sein. Das Schöne an der Anwendung dieser Essenz ist, dass wir nicht noch einmal all die Gefühle durchleben müssen, sondern diese werden durch das Licht der Essenz einfach befreit.

Farbessenz »Orange«

Chakra: Sakralchakra
Pflanze: Lampionblume
Baum: Mandarinenbaum
Kristall: Selenit
Mineral: Kupfer

Basisthema: tiefe Freude – Erlösung von Schocks und Traumata aus der Vergangenheit

Wirkung:
› unterstützt unsere Unabhängigkeit in Beziehungen
› bringt Frieden und Harmonie in unsere Zeitlinie (Vergangenheit, Gegenwart und Zukunft)
› lässt uns mit Traumata und Schocks leichter umgehen und harmonisiert vor allem unseren Körper
› hilft uns dabei, in tiefe Lebensfreude zu finden
› Soforthilfe bei allen schockierenden Erlebnissen
› unterstützt Kinder darin, Schocks und die körperlichen Reaktionen darauf leichter zu verarbeiten
› hilft Tieren dabei, mit traumatisierenden Erlebnissen umzugehen

Diese Farbessenz sollte immer in unserer Reichweite sein. Ihre Anwendung wirkt sich auf uns und unser Wohlbefinden sehr positiv aus. Was auch immer uns aus unserer Mitte reißt, einige Tropfen der Essenz stabilisieren uns sofort merklich. Wir können wieder leichter und tiefer durchatmen und die Spannung aus unserem Körper ausleiten. Trotz der Erschütterung fühlen wir uns nicht instabil und können dadurch sehr schnell nach einer Lösung aus der Situation suchen. Auch auf die Erde wirkt diese Farbessenz als Schocklöser. Überall dort, wo uns in der Natur Spuren von Ausbeutung und/oder Missbrauch begegnen, können wir der Erde helfen, indem wir einige Tropfen dieser Essenz auf die Erdoberfläche geben.

Tipp: Diese Farbessenz hilft auch unseren Tieren sofort. Geben Sie sie Hunden ins Trinkwasser, Katzen auf die Pfoten, und sofort geht es Ihren Lieblingen besser.

Farbessenz »Gold«

Chakra: Inkarnationsstern, um den Bereich des Bauchnabels
Pflanze: Primel
Baum: Bambus
Kristall: Bernstein
Mineral: Gold

Basisthema: Suche nach innerer Wahrheit – Verbindung mit der Fülle

Wirkung:

- lässt uns unsere innere Weisheit erkennen und eine Verbindung zu ihr herstellen
- Fülle auf allen Ebenen
- stärkt unseren Selbstwert und verhilft uns zu einem Weg aus Selbstverurteilung und deren Auswirkungen
- hilft uns dabei, unsere innere Schönheit erkennen und uns mit ihr aussöhnen
- verbindet uns mit unserem Inkarnationsstern und unserer Inkarnationsaufgabe
- hilft Kindern dabei, sich in ihrem Körper wohlzufühlen und Selbstwert zu entwickeln
- unterstützt Tiere, die aufgrund ihres geschwächten Selbstwertes zu Aggression neigen, darin, ausgeglichener zu werden

Mit dieser Farbessenz können wir alte Erlebnisse, durch die wir in Muster von Abhängigkeit geraten sind, in unserem Energiefeld auffinden und erlösen. Alle Themen, die mit Selbstwert zu tun haben, werden mit der Essenz durchleuchtet. Sie unterstützt uns darin, uns mit unserem Inkarnationsstern zu verbinden und unsere Weisheit zu erkennen. Bei der Arbeit mit der Erde gibt sie uns die Möglichkeit, der Erde unsere Wertschätzung und Hochachtung zufließen zu lassen. Wenn wir die Essenz an Kreuzungspunkten von Leylines auftragen, können wir uns mit der uralten Weisheit der Erde verbinden. Wir sind ihr dabei behilflich, Zugang zu ihrer eigenen Weisheit findet, indem wir den Energiefluss mit der goldenen Kraft unterstützen.

Farbessenz »Gelb«

Chakra: Solarplexuschakra
Pflanze: Gänseblümchen
Baum: Mahonia
Kristall: Citrin
Mineral: Pyrit

Basisthema: Erlösung von Verstrickungen – Kenntnis des größeren Bildes

Wirkung:

- bringt Klarheit in alle Situationen, die uns verwirren
- hilft uns dabei, unser Gedankenkarussell zu verlassen
- entspannt den Magen und den Unterbauch, wenn diese durch emotionale Disharmonie in Aufruhr geraten sind
- stärkt unsere Verbindung mit der Sonne in uns, unserer Lebensfreude
- bei nervlichen Anspannungen wirkt diese Essenz klärend und beruhigend auf unser vegetatives Nervensystem
- hilft ängstlichen und nervösen Kindern dabei, sich zu entspannen und sich klar und sicher zu fühlen
- unterstützt Tiere, die sich in Stresssituationen befinden, darin, ruhiger und zentrierter zu werden

Diese Farbessenz hilft uns dabei, uns begrenzende Gedanken zu durchbrechen und in Zeiten von Verwirrung und Unsicherheit zu mehr Klarheit und Wissen um unsere grenzenlosen Möglichkeiten zu gelangen. Die Enge in unserem Solarplexus wird ausbalanciert, und wir erkennen, wie leicht es ist, uns mit unserer inneren Sonne zu verbinden. Unsere Bereitschaft, aus der Überaktivität unseres Verstandes wieder in eine Einheit zu finden, wächst, und Lebensfreude und Klarheit können sich in uns ausdehnen. Diese Essenz hilft uns besonders dann, wenn wir in Kontakt mit Devas und anderen Naturwesen treten wollen. Wenn wir dank ihr in uns klar geworden sind, können wir die Botschaften aus dem Naturreich leichter wahrnehmen und unserer Intuition vertrauen. Außerdem unterstützt die Farbe Gelb das Verdauungssystem, das Nervensystem und den Lymphfluss mit positiver Energie.

Farbessenz »Olivgrün«

Chakra: zwischen Solarplexus- und Herzchakra
Pflanze: Riesenlebensbaum, Thuja
Baum: Olivenbaum
Kristall: Moldavit
Mineral: Carbon

Basisthema: Verbindung von Solarplexus und Herz – Verbindung der männlichen und weiblichen Energie

Wirkung:

- Hoffnung auf ein besseres Leben
- ermöglicht einen Neuanfang in Bezug auf unsere Gefühle
- Verbindung mit der weiblichen Kraft, die in uns auf ihre Aktivierung wartet
- tröstet uns bei allen bitteren Herzenserfahrungen, die wir gemacht haben oder gerade machen
- Kontakt mit der Energie des Heiligen Grals in unserem Herzen
- hilft Kindern dabei, das Positive an Veränderungen und Neuanfängen zu sehen, und unterstützt sie darin, ihre Gefühle offen auszudrücken
- hilft verhaltensauffälligen Tieren dabei, in eine neue Ordnung und Balance zu finden

Diese Farbessenz fördert in uns die Bereitschaft, uns auf unsere weibliche, fühlende Seite einzulassen und alle blockierenden Gefühle und Erlebnisse zu transformieren. Sie lässt in uns Hoffnung auf ein besseres Leben wachsen und gibt uns den Raum, dieser auch Ausdruck zu verleihen. Auch bei der Arbeit mit der Erde unterstützt die Essenz neues Wachstum und die Hoffnung auf eine neue Zeit, in der es um unser Herz und Herzensverbindungen mit dem Planeten geht und nicht mehr ausschließlich um den Nutzen und das Ausnutzen. Wir geben der Erde das Zeichen, dass wir mit ihr gemeinsam in die Zukunft gehen und unseren Teil der Verantwortung übernehmen wollen. Überall dort, wo wir fühlen, dass die Erde Enttäuschung und Bitterkeit erfahren hat, können wir einige Tropfen dieser Essenz auf die Erdoberfläche geben und damit Spuren der Liebe und des Mitgefühls hinterlassen. Diese Farbessenz unterstützt unseren Körper durch positive Energie, besonders im Bereich von Leber und Galle.

Farbessenz »Smaragdgrün«

Chakra: Herzchakra
Pflanze: Efeu
Baum: Eiche
Kristall: Smaragd, Jade
Mineral: Schwefel

Basisthema: Manifestation von Liebe – Herzöffnung – Raum und Weite

Wirkung:

› schafft Verbindungen von Herz zu Herz – auch zwischen Menschen und der Erde
› zur richtigen Zeit am richtigen Ort sein und das Richtige tun
› unterstützt uns darin, auf unsere Herzensstimme zu hören
› unterstützt die Suche nach unserer persönlichen Wahrheit
› hilft uns dabei, uns Raum für uns zu nehmen
› unterstützt Kinder darin, ihrer eigenen Wahrheit zu vertrauen
› lässt Kinder unabhängiger und auch immun gegenüber »falschen« Freunden werden
› unterstützt Tiere mit einem schwachen Herzen (häufig ein Resultat aus Zuchtfehlern)

Dank dieser Farbessenz erschaffen wir in uns ein Gefühl von Raum und Weite. Wir sind bereit, uns selbst Raum zu geben, und begeben uns auf die Suche nach unserer Wahrheit. Die Verbindung mit unserem Herzzentrum und dessen Aktivierung fällt uns mithilfe der Essenz leichter. Wenn wir mit ihr arbeiten, erfahren wir eine tiefe Verbundenheit mit den Bäumen und können deren Kraft besser nutzen. Auch die Verbindung zum Herzen der Erde lässt sich leichter herstellen. Wir sind bereit, unsere Liebe durch konkrete Taten auszudrücken und neue Wege zu beschreiten. Außerdem öffnet diese Essenz uns den Raum für einen Neuanfang und hilft uns dabei, den Platz, den wir zum Atmen brauchen, klar zu definieren und auch den Raum anderer zu respektieren. Im Bereich der Atmung und des Herzens erhält unser Körper Unterstützung mit der Farbessenz »Smaragdgrün«.

Farbessenz »Türkis«

Chakra: Herzchakra, Ananda-Khanda-Zentrum
Pflanze: Schwertlilie
Baum: Pappel
Kristall: Türkis
Mineral: Jod

Basisthema: Kommunikation des Herzens – Leichtigkeit – neue Kommunikationswege

Wirkung:
› lässt Leichtigkeit in unsere Handlungen fließen
› bringt uns die spielerische Energie der kindlichen Freude zurück
› verbindet uns mit unserem inneren, weisen Lehrer
› macht uns bereit für neue Kommunikationsmöglichkeiten, z. B. Telepathie
› öffnet uns für Herzensfreude und lässt sie uns ausdrücken
› für Kinder, die das Spielen stärker aktivieren sollen
› hilft Kindern bei familiären Spannungen, Leichtigkeit und Verbundenheit aufzubauen
› unterstützt Tiere darin, sich in eine neue Familie zu integrieren

Mit dieser Farbessenz finden wir zu einem neuen familiären Miteinander. Wir lassen starre Verhaltensweisen hinter uns und öffnen uns für die spielerische Leichtigkeit und für kreative Lösungen. Wir gestatten uns auch, die Stimme unseres Herzens kreativ auszudrücken. Die Farbessenz »Türkis« unterstützt unsere liebevolle Arbeit mit dem Wasser der Erde, unabhängig davon, ob wir uns der Meere, Seen, Teiche, Flüsse oder einer anderen Form des Wassers annehmen. Sie verbindet uns mit dem uralten, atlantischen und lemurischen Wissen und lässt uns die Zusammenhänge des Lebens neu erkennen. Wenn wir uns sprachlich leicht und gewandt ausdrücken müssen, ist uns diese Essenz ebenfalls eine gute Hilfe. Außerdem stärkt sie unser Herzzentrum mit ihrer positiven Energie.

Farbessenz »Saphirblau«

Chakra: Kehlkopfchakra
Pflanze: Borretsch
Baum: Walnussbaum
Kristall: Saphir
Mineral: Lavagestein

Basisthema: Frieden auf allen Ebenen

Wirkung:
- fördert den friedlichen Ausdruck
- für Frieden in jeder Form, auch für die Erde
- hilft uns dabei, den göttlichen Plan und unsere Rolle darin zu erkennen
- unterstützt die Verbindung unserer beiden Gehirnhälften
- unterstützt die Atemtherapie und unsere Arbeit mit dem bewussten Atmen
- unterstützt Kinder, die in einem unruhigen Umfeld leben, darin, sich auf das Wesentliche zu konzentrieren
- hilft Kindern im Umgang mit Autoritäten
- für Tiere, die sich schwer unterordnen können
- unterstützt Tiere darin, ihren Menschen als Rudelführer anzuerkennen

Diese Farbessenz unterstützt uns bei allen Themen, die im Zusammenhang mit dem Frieden und dem friedlichen Ausdruck stehen. Sie lässt unseren Körper in einen Zustand von Entspannung finden und öffnet uns auf einer tiefen Ebene für Ruhe. Sie hilft uns auch dabei, einen stärkeren Schutz um uns herum aufzubauen, und wir können unsere männlichen und weiblichen Anteile vereinen und in Balance bringen. Auf alle Themen, die mit Autoritäten und Auseinandersetzung mit diesen zu tun haben, reagieren wir dank der Farbessenz »Saphirblau« entspannter und friedlicher. Wir finden den Mut, unserer Wahrheit Ausdruck zu verleihen. Das Saphirblau bringt uns die Energie von Weite. Wir fühlen uns so, als würden wir den Horizont unendlich ausdehnen und mit den Wolken fliegen können. Auch bei der schamanischen Arbeit mit der Erde gibt diese Essenz die Energie von Frieden und friedlicher Kommunikation an die Erde weiter. Außerdem unterstützt die Essenz unser Kehlkopfchakra und alle Themen, die darin verborgen sind oder nach Erlösung streben.

Farbessenz »Königsblau«

Chakra: Stirnchakra (Drittes Auge)
Pflanze: Vergissmeinnicht
Baum: Tanne
Kristall: Lapislazuli
Mineral: Platin

Basisthema: Entwicklung der sensitiven Fähigkeiten – Abgrenzung und Schutz

Wirkung:

› hilft uns beim Übergang aus der Isolation in den Kontakt mit unserem Umfeld
› unterstützt die Entwicklung unserer sensitiven Fähigkeiten
› gibt uns das Gefühl von Schutz
› hilft uns dabei, unsere Taten unserem Wesen und unseren Bedürfnissen anzupassen
› unterstützt unsere Fähigkeit zur Verbindung von Himmel und Erde
› schenkt sensitiven und sensiblen Kindern Schutz und Stabilität
› unterstützt Tiere, die längere Zeit isoliert waren, darin, sich leichter in die Gesellschaft von Menschen und anderen Tieren einzugliedern

Bei der Aktivierung des Dritten Auges ist diese Farbessenz sehr empfehlenswert. Sie schenkt uns einen Raum des Schutzes und Vertrauens, in dem wir unsere Sensitivität entwickeln können. Sie ist immer dann hilfreich, wenn wir mit der Geistigen Welt kommunizieren wollen, z.B. während der Meditation oder eines Channelings. Mit ihr können wir uns stark mit dem Himmel über uns, aber auch mit der Erde unter uns verbinden. Diese Essenz stärkt die Erkenntnis, wie wichtig wir als Bindeglied zwischen Himmel und Erde sind und dass es mehr gibt, als wir zu glauben wissen. Durch das Anwenden der Farbessenz »Königsblau« öffnet sich uns ein Weg, durch den wir hinter die Schleier der Illusionen unseres irdischen Lebens blicken können. Sie bietet auch der Erde Schutz und tiefen Frieden und unterstützt diese überall dort, wo sie verstärkt zur Ruhe kommen möchte oder sollte.

Farbessenz »Violett«

Chakra: Kronenchakra
Pflanze: Stiefmütterchen
Baum: Mistel
Kristall: Amethyst
Mineral: Kobalt

Basisthema: Transformation auf allen Ebenen – Verbindung mit der Schöpferquelle

Wirkung:

- Verständnis dafür, was der Dienst für das höhere Wohl für uns bedeutet
- transformiert Energien, die uns nicht mehr dienlich sind
- hilft uns dabei, vom Getrenntsein zurück in die Ganzheit zu finden
- schenkt uns neues Vertrauen in unseren Schöpfer und stärkt unsere Verbindung
- unterstützt uns darin, uns als Kanal für die höchste transformierende Energie anzuerkennen und diese Kraft zu entwickeln
- lässt uns einen Weg aus Trauer und Mutlosigkeit finden
- tröstet trauernde Kinder und lässt sie mit Verlusten leichter umgehen
- unterstützt Tiere bei allen Genesungsschritten

Weil wir die größeren Zusammenhänge des Lebens leichter erfassen, verstehen wir auch, warum wir im Dienst der höheren Ordnung auf der Erde sind. Wir wehren uns nicht länger gegen uns und unsere Bestimmung und beginnen, unseren spirituellen Auftrag zu leben.
Diese Farbessenz schenkt uns Trost, neue Kraft und emotionalen Ausgleich in Zeiten, in denen wir traurig sind, weil wir einen Verlust von Liebgewordenem erlitten haben. Wir können nach vorn sehen und mutig unser Ziel verfolgen. Sie unterstützt zudem die Prozesse von Geburt und Tod. Wenn wir die Endgültigkeit nicht akzeptieren wollen oder können, hilft sie uns dabei, loszulassen und mit unserer Trauer besser umzugehen. Diese Farbessenz hilft auch der Erde bei allen Transformationen und ihrer Heilung.

Farbessenz »Magenta«

Chakra: Basis-, Herz- und 8. Chakra, Verbindung zum Seelenstern
Pflanze: Strauchmalve
Baum: Schwarzdorn
Kristall: Opal
Mineral: Lehm

Basisthema: bedingungslose Liebe für die kleinen, alltäglichen Handlungen

Wirkung:
› lässt uns in Kontakt mit unserem Seelenstern und unserem Seelenauftrag kommen
› Achtsamkeit und Liebe für das tägliche Leben
› zeigt uns die Schönheit, die wir in uns tragen
› unterstützt uns in unserer Liebe und Fürsorge für die Erde
› hilft uns dabei, Dankbarkeit zu entwickeln
› ein guter Begleiter für Kinder, die mehr Achtsamkeit und Dankbarkeit entwickeln sollen
› verbindet Tier und Mensch auf der Basis von Vertrauen und gegenseitiger Achtung

Diese Farbessenz unterstützt uns darin, in die allumfassende Liebe zu finden. Sie öffnet uns für die bedingungslose Liebe zu allem Lebendigen – vom kleinsten Pflänzchen bis zum größten Gebirge – und hilft uns dabei, alles aus den Augen der Liebe und der Achtsamkeit zu betrachten – vor allem uns selbst. Wir beginnen, die Herrlichkeit des Lebens zu verstehen und die Schöpfung um uns herum aus einem neuen Blickwinkel zu betrachten. Die Farbessenz »Magenta« öffnet unser Herz für Mitgefühl, Liebe, Dankbarkeit und Achtung. Wenn wir in der Kraft der Liebe sind, existiert kein Raum für Angst oder negative Gedanken. Diese Energie bringt uns in Berührung mit der göttlichen Liebe, die in uns nur darauf wartet, erweckt und aktiviert zu werden. Diese Farbessenz hilft uns dabei, ein Band der Liebe mit der Erde zu knüpfen.

Farbessenz »Regenbogen«

Chakra: alle Chakras
Pflanze: weiße Rose
Baum: Birke

Kristall: Sonnenstein
Mineral: Kieselerde

Basisthema: Balance in allen Chakras – Kontakt mit der göttlichen Führung

Wirkung:

- bringt uns in Harmonie auf allen Ebenen
- schafft den Raum, um »unterkühlte« Beziehungen wieder zu »erwärmen«
- gibt uns die Möglichkeit, über die Regenbogenbrücke in die Anderswelt zu gehen
- Reinheit, Klarheit und ein ungehinderter Energiefluss
- unterstützt die Entwicklung unserer wahren Farbenpracht
- hilft Kindern dabei, die Kraft und die Klarheit zu entwickeln, um ihre Talente voll auszuschöpfen
- unterstützt Tiere, die in einem emotional kalten Umfeld waren, darin, sich Menschen vertrauensvoll zu nähern

Diese Farbessenz unterstützt uns darin, in jedem unserer Chakras die korrespondierende Farbe zu aktivieren, zu verstärken oder auszubalancieren. Dank ihr können wir unseren inneren Regenbogen entfalten, der uns in den Reichtum unserer Vielfalt führt. Alle energetischen Prozesse, die aus welchen Gründen auch immer ins Stocken geraten sind, werden mithilfe dieser Essenz wieder in den Fluss gebracht. Die Farbessenz »Regenbogen« unterstützt uns darin, über die Regenbogenbrücke von einer Realität in eine andere zu wechseln. Mit ihr können wir alle unsere Felder auf allen Ebenen in Harmonie und Klarheit bringen und sie stärken. Außerdem hilft sie uns bei der Arbeit mit der Erdenergie, ganz besonders auf den Leylines. Sie lässt die Adern der Erde wieder durchgängig werden und aktiviert und fördert die Kommunikation mit allen Ebenen.

Die ArchAngeloi

Die 9 farblosen ArchAngeloi sind im Aura-Soma-Farbsystem die Mittler zwischen den Welten und Botschafter des höchsten Schöpfers. So, wie auch die Engel, verbinden die Erzengel uns mit unserem Schöpfer. Diese überdimensional großen Wesenheiten sind immer für ein Land oder auch einen bestimmten Ort auf der Erde zuständig. Und sie sind der Erde gerade in diesen Zeiten so nahe, um uns und auch ihr dabei zu helfen, aus alten und längst überholten Konditionierungen hinauszufinden. Die ArchAngeloi unterstützen uns dabei, die nächsten Schritte in unserer Entwicklung zu gehen. Weil sie auch für die Erde oder einen bestimmten Landstrich zuständig sind, helfen sie unserem Heimatplaneten bei der Weiterentwicklung seines höheren Schöpferplans. Als Mittler zwischen den Spirits eines Landes und uns unterstützen sie alle, die ihre Kraft für das höhere Wohl der Erde und für deren Entwicklung und Erleuchtung einsetzen. Mit den ArchAngeloi können wir unseren Platz im größeren Plan leichter finden. Dadurch erwachen wir zur höchstmöglichen Entwicklungsstufe in dieser Inkarnation.

Die ArchAngeloi haben, wie auch die Pomander, die Quintessenzen und die Farbessenzen, eine Bioalkoholbasis, in der die unterschiedlichen Energien der Farben, Mineralien, Pflanzen, Blüten, Edelsteine und Schwingungen in einem einzigartigen Herstellungsverfahren zusammengeführt wurden.

Auswahl und Anwendung der ArchAngeloi

Für Sie selbst

Wenn Sie sich bei der Wahl Ihrer Equilibrium-Flasche intuitiv für eine Erzengel-Flasche entschieden haben, kann das ein Hinweis auf den entsprechenden ArchAngeloi sein. Sie können auch die Essenz wählen, von der Sie sich gerufen fühlen oder deren Geruch Sie am liebsten mögen. Oder Sie entscheiden sich für das Thema bzw. den Entwicklungsschwerpunkt, der dem ArchAngeloi zugeordnet ist.
Die ArchAngeloi wirken in unserer Aura und werden deshalb in einer geringen Dosierung in die Aura eingesprüht. Ein Sprühstoß über Ihrer Krone, einer in die linke und einer in die rechte Handfläche genügen, danach fächeln Sie die Essenz in Ihr Aurafeld ein. Stellen Sie sich dabei vor, dass Sie selbst große Flügel hätten. In der Bewegung, die vor dem Herzchakra endet, zeichnen Sie diese Flügel nach. Verbinden Sie sich mit der Energie des ArchAngeloi, laden Sie seine Energie in Ihr Feld ein, und bieten Sie ihm Ihre Mithilfe in allen Prozessen an, für die dieser Erzengel steht.

Im Aura-Soma-Produktschatz gibt es auch 4 Erzengel-Raumsprays: »Michael«, »Gabriel«, »Raphael« und »Uriel«. Diese dienen der Energetisierung unserer Räume und haben ein anderes Energiepotenzial als die ArchAngeloi. Wenn Sie mit den ArchAngeloi arbeiten, stellen Sie eine sehr starke Verbindung zu der Energie und zum Auftrag des Erzengels her. Sie gehen energetisch gesehen in eine Arbeitsgemeinschaft mit diesem Erzengel und entwickeln sich selbst weiter. Sie dienen nicht nur Ihrem eigenen Prozess, sondern auch der Entwicklung der Erde. Die Erzengel-Raumsprays hingegen energetisieren und reinigen Räume und unterstützen uns darin, uns beschützt und wohlzufühlen.

ArchAngeloi »Michael«

Basisthema: Lösen von alten Mustern im Aurafeld – Klären von alten Energien

Diese Essenz unterstützt uns darin, in unserem Aurafeld alle alten Muster zu erlösen. Es geht dabei um die Klärung und Reinigung von Ereignissen in der Vergangenheit, die noch immer eine Rolle in unserem energetischen Gedächtnis spielen. ArchAngeloi »Michael« zeigt uns, wo diese Energien hinderlich sind, und lässt uns in die Kraft und den Mut finden, damit wir uns von diesen Energien befreien können. Alle Themen, die mit Angst und Mutlosigkeit zu tun haben, werden erlöst. Wir kommen in eine neue Qualität von Frieden und Klarheit und können den größeren Plan hinter unserer Inkarnation erkennen. ArchAngeloi »Michael« unterstützt uns in jeder Stufe unserer Entwicklung hin zu dem Lichtarbeiter, der in uns auf seine volle Entfaltung wartet. Dank dieser Essenz können wir mutig für unsere Wahrheit einstehen und entschlossen unseren Weg gehen. Sie hilft uns auch dabei, unser Energiefeld stark und rein zu halten. Wenn wir sie in unsere feinstofflichen Felder einsprühen, können wir meist sofort spüren, wie wir uns innerlich aufrichten und wie die Energie eines Lichtkriegers durch uns hindurchfließt. Weil wir mit der Unterstützung von Erzengel Michael den höheren Plan für unsere Inkarnation und die Zusammenhänge mit der Entwicklung der Erde erkennen, wissen wir auch, wo unser Platz in diesem Leben ist. Wir erhalten Einsicht in unsere Berufung und den Mut, dieser nachzugehen. Erzengel Michael unterstützt uns immer mit seiner Kraft, seinem Schutz und seiner Klarheit, damit wir unser Potenzial für uns und die Erde leben und zum höchsten Wohl aller Beteiligten einsetzen.

Erzengel Michael,
ich danke dir für den Schutz
und die Kraft, die du mir gibst.

ArchAngeloi »Gabriel«

Basisthema: Entdecken des Goldschatzes in sich

Mit ArchAngeloi »Gabriel« bekommen wir einen tieferen Zugang zu dem Goldschatz, der in uns entdeckt und gehoben werden will. Diese Essenz vermittelt uns Wärme und Geborgenheit und lässt uns erkennen, dass wir sehr viele Möglichkeiten haben, etwas in unserem Leben und auch für die Erde zu verändern. Wir erhalten die Einsicht, wie wichtig die bedingungslose, göttliche Liebe ist und vor allem, wie wir diese in uns entwickeln können. ArchAngeloi »Gabriel« lässt uns die energetische Kraft der gelebten Liebe fühlen und akzeptieren, dass wir als Botschafter der höchsten Schöpferquelle auf der Erde sind. Mit dieser Essenz entwickeln wir Achtsamkeit für alles Lebendige. Wir finden einen Weg aus der Illusion von Leid, Getrenntsein und Angst und tauchen hinein in die Fülle, die Geborgenheit und vor allem in unsere eigene Schöpferkraft. Wenn wir beginnen, uns und unser Leben zu lieben, haben wir auch die Kraft, einen Raum der Liebe um uns herum aufzubauen. Wir erkennen, dass wir damit sehr viel für die Erde und alle Lebewesen tun können. Erzengel Gabriel umhüllt unser Energiefeld wie ein wärmender Mantel aus Geborgenheit und Achtsamkeit. Durch dieses Gefühl des Angenommenseins können wir die Liebe entwickeln, unserem inneren Stern folgen und die Botschaft dieses Sterns in der Welt verbreiten.

Erzengel Gabriel,
durch deine Hilfe bin ich für die
Botschaften, die mein Leben
bereichern möchten, bereit.
Ich bin offen für Neues.

ArchAngeloi »Raphael«

Basisthema: Aufmerksamkeit für die innere Welt

Sobald wir diese Essenz in unser Energiefeld einsprühen, spüren wir, wie uns eine Welle von Frieden durchströmt. ArchAngeloi »Raphael« unterstützt uns dabei, unseren Blick von der äußeren, oftmals lauten und hektischen Welt in unser Inneres zu lenken. Dank dieser Essenz erschaffen wir einen Raum um uns herum, in dem wir unsere sensitiven Fähigkeiten akzeptieren und entwickeln können. Wir finden auch einen Weg vom Analytischen ins Sensitive. Alles, was in uns bereit ist, in die Harmonie und Ganzheit zu kommen, wird durch die Arbeit mit ArchAngeloi »Raphael« ausbalanciert. Wir fühlen uns stark und tief geschützt. Gleichzeitig erkennen wir in diesem tiefen Gefühl des Angekommenseins auch unsere wahre Aufgabe. Wir öffnen uns für den Frieden und können ihn in unserem täglichen Leben umsetzen und auch der Erde zur Verfügung stellen. Diese Essenz nimmt uns die Angst vor unseren sensitiven Fähigkeiten und lässt uns diese verantwortungsbewusst entwickeln und zum Wohl der höchsten Ordnung einsetzen. Wir bringen den Mut auf, von der Theorie in die täglich gelebte Praxis eines friedvollen Lichtarbeiters zu kommen.

Erzengel Raphael,
mit deiner Unterstützung
löse ich mich aus allen für mich
schädlichen Verbindungen.
Dank deiner Hilfe bin ich frei.

ArchAngeloi »Uriel«

Basisthema: Erkennen der Gaben für die aktuelle Inkarnation

Wenn wir mit dieser Essenz arbeiten, öffnen wir uns für die Liebe zur Erde. Wir erkennen, welche Qualitäten wir in diese Inkarnation mitgebracht haben, um unseren Heimatplaneten in seiner Entwicklung zu unterstützen. Erzengel Uriel zeigt uns den Weg, wie wir unsere Sensitivität und unsere Weisheit, die aus vielen Inkarnationen stammt, miteinander verbinden. Erst dann können wir unsere Fähigkeiten zum Wohl der höchsten Entwicklung einsetzen. Wir werden offener und empfänglicher für unsere eigene Wahrheit und unsere Aufgabe hier in dieser Inkarnation. ArchAngeloi »Uriel« gibt uns den schützenden Raum, damit wir unsere Kräfte erkennen, bündeln und befreien können. Dank dieser Essenz finden wir einen friedlichen Weg zur Verwirklichung unserer Ideale. Die Arbeit mit ihr gibt uns die Hoffnung auf eine bessere Welt und auch die Kraft, etwas dafür zu tun, dass die neue Ordnung des friedlichen Miteinanders manifestiert wird. ArchAngeloi »Uriel« vermittelt uns einen tiefen Zugang zu unserer eigenen Geschichte, die mit der Erde verknüpft ist, und unterstützt uns darin, aus vergangenen Erfahrungen das Beste für diese Inkarnation zu erschaffen.

Erzengel Uriel,
dank dir vertiefe ich
meine Liebe zur Erde und zur
materiellen Seite des Lebens.
Ich bin voll und ganz
im Augenblick präsent.

ArchAngeloi »Sandalphon«

Basisthema: Wert des eigenen Beitrags für die Erde und die Gemeinschaft

Wenn wir uns von Sandalphon gerufen fühlen, geht es darum, die Kraft der Verbundenheit in uns zu aktivieren. Wir erhalten die Einsicht, wie wichtig es gerade in diesem Moment auf der Erde ist, dass wir als Lichtarbeiter miteinander und nicht gegeneinander arbeiten. Diese Essenz unterstützt uns darin, aus den Mustern von Stolz, Angst und Resignation zu finden. Mit ihr erkennen wir den Wert unseres Beitrags für eine neue Erde und entwickeln den Mut, uns mit den Lichtarbeitern in unserem Umfeld zu verbinden. Alte Ängste, die wir manchmal sogar aus vergangenen Inkarnationen mitbringen, können mithilfe dieser Essenz transformiert werden. Dank ihr aktivieren wir die unschuldige, kindliche Liebe in unserem Herzen und setzen sie für das höchste Wohl ein. Wir stärken die Liebe zu uns selbst und werden dadurch unabhängig von Bestätigungen im Außen. Sobald wir uns so lieben, wie wir sind, unterliegen wir nicht mehr dem Zwang, dass uns alle anderen Menschen lieben müssen. Unsere fühlende Seite und unser energetisches Herz erfahren tiefe Heilung. Dadurch können wir unsere eigene Transformationskraft für die Erde und alle anderen Lebewesen einsetzen. ArchAngeloi »Sandalphon« hilft uns dabei, zu erkennen, was Vernetzung tatsächlich bedeutet und wie kraftvoll ein aktives Lichtnetz für die Entwicklung von uns allen ist.

Erzengel Sandalphon,
durch dich erinnere ich
mich an das Kind,
das ich einmal war.
Ich bin reine Lebensfreude.

ArchAngeloi »Tzadkiel«

Basisthema: Herzöffnung – der nächste Entwicklungsschritt

Sobald Tzadkiel uns ruft, sind wir bereit, unser Herz wieder für uns selbst zu öffnen. Wir stehen vor einem Entwicklungsschritt hin zu einem Neuanfang voller Liebe auf allen Ebenen. Diese Essenz lässt uns die alten Verwundungen unserer Gefühle in heilendem Licht betrachten. Sanft, liebevoll und zart führt sie uns an unseren inneren, vielleicht auch verborgenen Schmerz heran, der mit der Liebe, dem Geliebtwerden und dem Lieben zu tun hat. ArchAngeloi »Tzadkiel« lässt diese alten Wunden verheilen. Wir überwinden unsere Angst vor einem geöffneten Herzen, stärken und nähren uns selbst und beginnen, unser Herz für die bedingungslose und urteilsfreie Liebe zu öffnen. Wenn wir geschützt sind, haben wir auch den Mut, das liebevolle Lichtwesen zu befreien, das in uns darauf wartet, seine Liebe in die Welt hineinströmen zu lassen. ArchAngeloi »Tzadkiel« zeigt uns neue Wege, wie wir die Liebe und unsere fühlende, nährende Energie am besten für das Wohl der Erde einsetzen können. Alle uns in unserem Fortschritt blockierenden Ängste werden mit dieser Essenz erlöst. Manchmal erleben wir durch diese befreiende Kraft so etwas wie eine Wiedergeburt, die getragen ist von dem tiefen Vertrauen und der Gewissheit, dass die Liebe die höchste Macht im gesamten Universum ist.

Erzengel Tzadkiel,
ich bin bereit für einen
Neuanfang in meinem Leben.
Danke, dass du mir den Weg
meines Herzens erhellst.

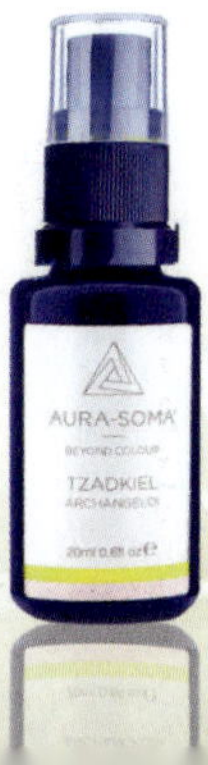

ArchAngeloi »Metatron«

Basisthema: Klären von tiefen Ängsten

Wenn wir beginnen, uns für die Botschaft von Erzengel Metatron zu öffnen, geben wir unserer Bereitschaft Ausdruck, unsere Ängste zu klären, denn sie können unser Wachstum behindern. Aber nur dort, wo ein strahlendes Licht ist, gibt es auch starke Schatten. Deshalb ist es wichtig, zu wissen, wovor und warum wir Angst haben. Wenn wir dank dieser Essenz Licht in diese Themen bringen, erlösen wir die Macht der Schatten über uns. Dann entwickeln wir uns hin zu dem aktiven Lichtarbeiter, der geduldig in uns auf seinen Einsatz wartet. ArchAngeloi »Metatron« ist eine sehr starke und mächtige Energie, die wie ein großer Schutzschild in unserem Energiefeld wirkt und uns die Sicherheit schenkt, dass uns nichts zustoßen kann, was unsere Existenz gefährdet. Licht und Schatten gehören auf dem Planeten der Dualität einfach zusammen. Je besser wir verstehen und akzeptieren, dass auch wir einen Schatten in uns tragen, desto gefestigter und lichtvoller werden wir. Erzengel Metatron macht uns verständlich, dass unsere Schattenseite eine große Behinderung auf unserem Entwicklungsweg sein kann, wenn wir sie negieren. Diese Kraft kommt meist dann ins Spiel, wenn wir sie am wenigsten erwarten. Sobald wir unsere Ängste und Schatten durchleuchten und akzeptieren, nehmen wir ihnen die Kraft und können uns beruhigt wichtigeren Dingen auf unserem Entwicklungsweg zuwenden. Wir lernen, die Gesetzmäßigkeit von Ursache und Wirkung anzuerkennen und auch umzusetzen.

Erzengel Metatron,
danke für deine Klarheit.
Durch deinen Beistand erkenne
ich das Licht auf meinem Weg.

ArchAngeloi »Jophiel«

Basisthema: Ergreifen von neuen Chancen

Es ist Zeit, Tore zu öffnen und neue Wege zu beschreiten. ArchAngeloi »Jophiel« unterstützt uns in allen Phasen des Neuanfangs – sowohl für uns selbst als auch für unseren Einsatz zum Wohl der Erde. Die leichte und spielerische Energie des Erzengels hilft uns dabei, alte Muster, die mit Getrenntsein und Angst vor der Einsamkeit zu tun haben, zu erlösen. ArchAngeloi »Jophiel« ist wie eine Aufforderung dazu, das Leben im Tanz zu verbringen und die höchsten Energiepotenziale in uns zu aktivieren. Wir erhalten Einsicht darin, wer wir wirklich sind und wie wir diese Information umsetzen können. Diese Essenz unterstützt uns darin, unser Herz zu öffnen und unsere wahre, innere Natur auch im Außen auszudrücken. Wir finden die Kraft, die männlichen und weiblichen Anteile in uns zusammenzuführen, und können auch im Außen unsere Ganzheit leben. Es wird uns ein starkes Bedürfnis sein, unsere Liebe und unsere Gefühle auf eine friedliche und kreative Art mitzuteilen. Der höhere Wille fließt in unser Herz und ergießt sich daraus auf eine spielerische Weise in die Welt.

Erzengel Jophiel,
durch deine Liebe finde
ich den Weg in mein Herz.
Ich bin tief verbunden mit
der Wahrheit in meinem Herzen.

ArchAngeloi »Chamael«

Basisthema: verbindende Kraft des unendlichen Mitgefühls

Die Entwicklung hin zur bedingungslosen Liebe ist das Geschenk des ArchAngeloi »Chamael«. Es hört sich so leicht an, in bedingungsloser Liebe zu leben. Und doch ist dies eine der größten Herausforderungen in unserem irdischen Leben. Schon früh lernen wir, an unsere Liebe Bedingungen zu verknüpfen. Sätze wie »Ich liebe dich, wenn du …« werden von uns so sehr verinnerlicht, dass uns diese Bedingung meist nicht einmal mehr auffällt. Diese Essenz öffnet unser Herz wieder für die Liebe, für die es weder Wenn noch Aber gibt. Zuerst dürfen wir mit seiner Hilfe uns selbst so lieben lernen, wie wir in diesem Moment sind. Wenn die Liebe zu uns stark und stabil ist, können wir die ganze Welt, ja, sogar die gesamte Schöpfung lieben. Wir lernen, zu unterscheiden, dass Lieben nicht heißt, zu allem Ja zu sagen, sondern dass wahre bedingungslose Liebe stark, unabhängig und auch kritisch ist. Erzengel Chamael zeigt uns, wie wir lernen, liebevoll Nein zu sagen, und dass wir unsere Meinung auch dann liebevoll äußern dürfen, wenn wir diese allein vertreten.

Erzengel Chamael,
du zeigst mir den Weg
in die bedingungslose Liebe.
Dafür danke ich dir.
Ich bin Liebe.

Über die Autorin

Barbara Heider-Rauter ist ausgebildete Pädagogin und Therapeutin mit jahrelanger praktischer Erfahrung. In ihren Seminaren und Ausbildungen sieht sie sich als liebevolle und klare Wegweiserin für jeden wahrhaft Suchenden. Ihre tiefen Einsichten in die geistigen Zusammenhänge und in die unsichbaren Welten ermöglichen ihr ein Erkennen der Einzigartigkeit jedes Individuums und seine Ausrichtung auf das innere Licht. Sie ist auch eine der führenden Aura-Soma-Expertinnen und unterrichtet dieses wundervolle Farbsystem. Ihre Arbeit ist immer auf das Wohl sowie die höchste Entwicklungsmöglichkeit jedes Einzelnen ausgerichtet. Sie leitet Meditationsabende, Seminare zur persönlichen Entwicklung, Seminarreisen nach England zu den mystischen Stätten der König-Arthur-Sage und Herzreisen nach Irland. Seit über 20 Jahren führt sie ein spirituelles Fachgeschäft in Salzburg und bietet suchenden Menschen damit eine Basis für das Zusammentreffen von Gleichgesinnten.

www.avalon-spirit.com
www.barbara-heider-rauter.com
www.meinavalon.com

XL Kartenbox

Barbara Heider-Rauter

Aura Soma Seelenspiegel

Entfalte dein höchstes Potenzial

120 Karten mit Begleitbuch
ISBN 978-3-8434-9166-2

Welche Farben wir wählen, zeigt uns, wer wir sind – das ist das einfache Prinzip hinter Aura-Soma. Jede der unterschiedlichen Farbkombinationen der Equilibrium-Flaschen hält eine Botschaft für unsere persönliche Lebensreise hin zum erwachten Bewusstsein bereit. Was ist meine Bestimmung auf der Erde? Welche Energie steht im Mittelpunkt meines Lebens? Wo stehe ich gerade jetzt, und was sind meine nächsten Schritte auf dem Weg der Entfaltung meines höchsten Potenzials? Die Aura-Soma-Seelenspiegel-Karten, die wie ein Orakel intuitiv gezogen werden können, offenbaren uns Antworten auf diese und viele weitere wichtige Fragen und unterstützen uns mit einfachen Übungen zur Stärkung unseres Themas.

Barbara Heider-Rauter
Farben – das Tor zu deiner Seele
Was die Farben über deinen Seelenauftrag verraten

200 Seiten
ISBN 978-3-8434-1436-4

Die emotionale Kraft der Farben spüren wir jeden Tag. Wir lassen uns von einem gelben Smiley aufmuntern, kleiden uns in tiefem Rot, wenn wir besonders dynamisch wirken wollen, oder tragen Schwarz, um uns zu schützen. Doch Farben können noch mehr: Sie öffnen die Tore zu unserer Seele und offenbaren auch unsere Essenz und unser Potenzial. Seit Anbeginn unserer Existenz sind wir mit einer bestimmten Farbe verbunden. Sie bestimmt unsere Grundenergie und den Auftrag unserer Seele über alle Leben hinweg. Für jede Inkarnation wählen wir zusätzlich eine weitere Farbe, die uns unsere Talente und Begabungen für genau dieses Leben anzeigt. Wer diesen Farbcode kennt, hat es im Leben und in seiner spirituellen Entwicklung bedeutend leichter. Ist beispielsweise Rot unsere Seelenfarbe, so steht im Fokus: uns mit Mutter Erde verbinden, unseren Körper willkommen heißen, Grenzen ziehen und kraftvoll für die bedingungslose Liebe wirken. Farbexpertin Barbara Heider-Rauter stellt die zwölf Seelen- und Inkarnationsfarben vor und erklärt, was sie bedeuten und wie wir dieses Wissen für die Entfaltung unseres wahren Selbst einsetzen können.

Barbara Heider-Rauter

Die liegende Acht

Tägliche Impulse
für die innere Meisterschaft

44 Karten mit Begleitbuch
ISBN 978-3-8434-9123-5

Barbara Heider-Rauter zeigt mit diesem einzigartigen Kartenset, wie wir die Lemniskate für mehr Harmonie und Frieden einsetzen. Das Ursymbol der Vollkommenheit und der Balance vereint die Polaritäten des Lebens, gleicht den Energiefluss aus und unterstützt uns dabei, von der Dualität des Erdendaseins in das All-eins-Bewusstsein zu finden. Wir ziehen täglich eine der kraftvollen Karten und aktivieren den ewigen Energiefluss, um ein wichtiges Lebensthema in Harmonie zu bringen. Die liegende Acht und die hochenergetischen Bilder dieser Karten weisen uns den Weg unserer spirituellen Entwicklung.

Barbara Heider-Rauter

Blume des Lebens

50 Karten mit Begleitbuch
ISBN 978-3-8434-9073-3

Die Blume des Lebens ist das vollkommenste und kraftvollste Energie symbol aus der Heiligen Geometrie. Sie bringt jedes Thema in die Leichtigkeit und lädt Fülle und Vollkommenheit ins Leben ein. Mit ihr gelingt es uns leicht, unser Leben in Balance zu bringen. Sie erinnert uns daran, dass wir alle ein Teil der göttlichen Schöpfung sind und jeder mit jedem verbunden ist. Wir ziehen täglich eine der lichtvollen Karten, nutzen sie zur Unterstützung bei der inneren Einkehr oder auch zur Energetisierung von Wasser. So wird dieses Set zu einem wertvollen Impulsgeber für den Alltag.

Schirner Verlag